JN439460

# 그 집은 그곳에 없다

현대수필가100인선 · 81

# 그 집은 그곳에 없다

최순희 수필선

좋은수필사

## ■책머리에

수필은 누구나 부담 없이 읽고, 마음만 먹으면 직접 쓸 수도 있는 가장 친근한 문학이다. 다른 영역의 문학이 영상매체에 밀려 신음하고 있는 중에도 수필 인구만은 날로 증가하여 바야흐로 수필 전성시대를 구가하고 있는 이유도 거기에 있을 것이다.

시대적 추세에 힘입어 수많은 수필전문지, 수필동인지가 창간되고, 이에 비례하여 신진 수필가도 날로 늘어나다 보니 이제는 그 많은 작가, 그 많은 작품 중에서 문학성 높은 작품을 가려 읽는 일이 쉽지 않게 되었다. 이런 현상은 작가에게나 독자에게나 결코 바람직한 일이 아니다. 더 나아가서는 수필을 연구하는 후세들에게도 큰 부담이 될 것이다.

이런 문제를 해결하는 데는 출판인도 마땅히 한몫을 감당해야 한다는 평소의 소신에 따라, 본사가 기꺼이 그 역할을 맡기로 했다. 그 첫 번째 사업으로 시대를 대표할 만한 수필가 100인을 선정하고, 작가가 자선한 40편 내외의 작품을 수록한 문고본을 발간하여 이를 널리 보급함으로써 그 소임을 다하고자 한다.

본사는 사명감을 가지고 이 사업을 추진해 나가기로 했다. 작가 선정을 전담할 편집위원회를 구성하고 전권을 위임하여 일체의 사적인 정실이나 청탁을 배제함으로써 전문성과 공정성을 확보해 나갈 것이다.

따라서 이 기획물 속에는 작가의 문학정신뿐만 아니라, 본사의 문학사적 기여 의지와 편집위원 제위의 수필문학에 대한 애정과 문인으로서의 양심이 함께 담겨 있음을 자부한다. 다만, 작가를 선정하는 기준에는 많은 견해의 차이가 있을 수 있고, 선정 과정에서도 미처 챙기지 못한 부분이 있을 것이라는 사실만은 인정하지 않을 수 없다. 이 점에 대해서는 관계자 여러분의 양해 있으시기 바란다.

이 시리즈의 발간 순서는 작가, 또는 본사의 사정에 의한 것일 뿐 그 밖의 어떤 기준도 적용하지 않았음을 밝힌다.

본 기획물이 시대를 초월한 많은 수필 애호가들의 관심과 애정 속에 우리나라 수필문학 발전에 한 이정표가 되기를 바랄 뿐이다.

2010년 10월

좋은수필 발행인 서 정 환

현대수필가 100인선 간행 편집위원 박 재 식 최 병 호

정 진 권 강 호 형

변 해 명

## | 차례 |



### 1_부

## 2_부

## 3_부

## 4_부

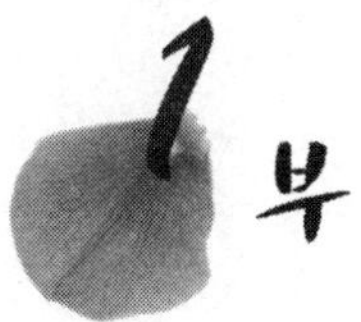
1 부

# 너의 꽃자리는 지금?

한 해의 마지막날 오후를 뒷산 눈 쌓인 오솔길을 산책하며 보냈다. 아는 사람들끼리만 좋아라 하기엔 너무 아깝도록 제법 품이 넓고 잘생긴 산이다. 마음이 가난하고 어지러울 때, 나는 이 넉넉한 산의 품에 들어 따뜻한 위로를 받곤 한다. 지난 5월엔 멀리서 찾아온 오랜 친구와 어이없게도 산 밑 수목원 솔숲에 서서 솔가리 같은 독설로 서로를 잔인하게 찔러대는 일이 생겼다. 그 후 10월, 피식 실소를 터뜨리며 화해할 때까지 나는 거의 매일 이곳 산길을 꾹꾹 다져 밟으며 피 흐르는 마음을 달래야 했다.

등산로는 내가 아는 것 말고도 여러 갈래이다. 나는 산을 오른다기보다는 그 정강이쯤에 해당하는 아래쪽 능선의 숲진 오솔길을 감돌아, 시야가 홀연히 열리는 소방도로를 옆으로 예

닐곱 굽이 밟아갔다 밟아 돌아오는 한 시간 남짓 코스에 가장 정이 들었다.

낮게 가라앉은 하늘은 곧 다시 눈발이라도 날릴 듯 잠포록하다. 산발치의 들꽃 화단 부근에서 만난 장정 둘이 산속에선 날이 빨리 어두워지는데 지금 올라가서 어쩌려느냐고 걱정을 했다. 나는 그저 웃어 보이며 계속 걸어갔다.

어느 해 식목일, 가을에 여기서 받아둔 벌개미취 씨를 시골에 너른 뜰을 지니고 사는 한 친구에게 보냈다. 대문에서 안뜰로 이어지는 차로를 따라 보랏빛 벌개미취가 하늘거리는 정경을 상상하며 혼자 행복해 했는데, 여름 들어 이쪽 벌개미취 밭을 지나다 문득 생각이 나서 물어보니 너무 바빠 씨를 뿌릴 짬이 없었다고 했다. 이듬해 봄에 또 한 차례 보냈으나 역시 마찬가지였다. 차라리 내가 가서 뿌려주고 올까 하다가 관두고 그 다음부턴 나도 보내지 않았다. 적게 먹고 많이 읽고 쓰며 느린 걸음으로 시골길을 산책하는 단순소박느림의 미학에 관한 책들을 써내느라 하도 바빠서, 그는 정작 그 생활을 즐길 여유는 잃어버린 지 오랜 듯했다. 자신의 실제 삶과 책 속에서 역설한 삶의 아이러니컬한 괴리를 성찰할 마음여유도 물론.

이 들꽃 화단 옆으론 주말농장이 있다. 산책로 바로 옆 한 뼘 밭떼기의 무가 밑동이 시퍼러니 싱싱하고 탐스러워 하나 슬쩍 뽑아 먹고 싶을 정도였는데, 어느 여름날 보니 다 거둬들였는지 밭이 비어 있었다. 며칠 후 이 길을 지나다가 하얀 도화

지에 굵은 먹 글씨로 단정히 써놓은 인상적인 팻말을 보았다:
"이 몹쓸 도가야, 여름 내내 허리 굽혀 땀 흘리며 키워놓았더니 한 뿌리도 남김없이 몽땅 뽑아간단 말이냐. 몇 뿌리는 남겨놓아야지, 이 양심 없는 순악질 도가야!"

'도가盜家'라는 예스런 말과 분기를 삭이지 못하면서도 어딘지 기품 있는 호통이, 아침마다 무밭을 돌아보곤 "동네 어린 도가들이 밤새 낭태질을 쳤다 아이가!" 하며 씩씩거리던 나의 어머니를 연상시켜 안쓰러우면서도 웃음이 났다. 한 뿌리도 안 남겨놓고 몽땅 다 뽑아가다니, 정말로 양심이라곤 한 톨도 없는 몹쓸 도가였다.

오솔길의 벤치들은 더러는 나란히, 더러는 마주보고, 또 더러는 방금 싸운 연인들처럼 엇비스듬히 놓여 있다. 이런 벤치들을 지날 때면 언젠가 그 벤치에 함께 앉아 쉬었던 동행들과 그들과 함께한 시간들을 떠올리게 된다. 그 속엔 오래 전의 어느 눈 내리는 겨울날, 미운 아내에게 아이들 몰래 맘껏 소리를 지르고 싶어져서 "가자! 산으로!" 하며 나를 끌고 온 남편이 저 혼자 화가 나서 씩씩거리던 장면도 들어 있다. 이런 싸움에서야 언제나 조용하고 차분한 아내 쪽이 한 수 위인 터. 그녀 입가의 실소를 미처 눈치 못 챈 등산객이라면, 팔짱을 낀 채 산비탈을 울울하게 내려다보고 서 있는 두 남녀의 뒷모습에서, 어느 시구처럼, 이미 이별이 그들의 머리 위에 치명적인 그늘을 드리웠으며 그들은 곧 헤어지고야 말 사람들이라고 단정했을 것이다.

올해는 내겐 사람과의 관계에서 유난히 힘들고 쓸쓸했던 한 해였다. 이 한 해를 지나면서 나는 어느 순간 불현듯, 그야말로 영혼에 불이 켜진 듯, 비로소 사람에 대한, 인연에 대한 애착과 집착을 스르르 혹은 탁 소리 내며 손에서 놓아버리게 되었다고 감히 말할 수 있다. 그러고 나자 주변 배경이 더 마음 깊이 사무치며 다가드는 듯, 이젠 혹 사람이 나를 실망시키며 내 곁을 떠나고 없다고 해도 이 산의 넉넉한 품이 있는 한 나 홀로 충만하게 잘 살아낼 수 있을 듯한 자신감이 생겨났다. 그리고 더욱 의외인 것은 내가 안간힘을 쓰며 내 식으로 가꾸려 애써 온 인연들을 미련 없이 손에서 놓아버렸을 때, 내 슬픔의 모서리가 닳아져 둥글고 눅지근해진 바로 그때, 오히려 그들은 스스로 내 곁으로 걸어 돌아오더란 발견이다. 혹시 결국엔 나도 어느 누군가에게는 작은 동산, 아니 야트막한 언덕쯤은 되었던 것일까? 그들이 내게서 원한 것은 꼭 이만큼의 미더운 거리에서 나의 방식이 아니라 그들이 원하는 방식으로 아끼고 사랑해 주는 것이었을까?

나무 그늘이 드리워진 오솔길을 벗어나면 계곡을 향해 시야가 탁 트인 소방도로가 나온다. 길섶의 버려진 풀과 나무들이 자아내는 무심한 풍광 때문일까. 여러 갈래 산길들 중에서도 유독 이 길을 걸을 때면 왜 그런지 언젠가 한번쯤은 걸어보고 싶은 어느 순례자의 길이 마음속에 그려진다. 피레네 산맥을 넘어 스페인 북부를 동에서 서로 가로지르는 장장 1000킬로미터의 그 길에 대해서는 진작 듣고 읽었다. 그러나 나도 그 길을 걷고 싶다는 생각이 처음 든 것은, 그곳을 두 번이나 다녀와 책까지 펴낸 어느 화가가 그 길은 성지 순례자들만이 아니라 영혼의 자유를 찾아 떠난 이들이 걷는 길이라는 정의를 새로 내려주면서부터이다. 영혼의 자유! 나도 영혼의 자유를 원한다! 그로부터 나는 이 산길을 일을 삼고 걸으며 다리 힘을 시험하고, 그 길을 앞서 걸은 코엘료의 ≪순례자≫와 어느 브라질 교포 여인의 순례기를 찾아 읽으며 마음을 다져왔다.

그 길을 걷는 사람들은 자기를 혹은 무언가를 찾거나 버리기 위해 그 고행을 하며 걷는다지. 등짐을 지고 가도 가도 끝없는 밀밭 길을 땡볕을 이마에 받으면서 자신의 땀으로 세수를 하며 걷노라면, 온갖 상념들이 떠올랐다 스러지며 도무지 버릴 수 없을 것만 같던 사무치는 애증의, 특히 미움의 감정이 눈 녹듯 스르르 녹아 다시금 모든 이들을 품어 안을 수 있을 듯 너그러워진다지.

그럼, 이미 많은 것을 손에서 또 마음에서 놓고 또 버려 아무런 미련도 미움도 회한도 없어진 사람은 굳이 그 고행을 해가면서 그 길을 걸으려 들 필요도 없는 것이 아닐까? 나는 왜 그 길을 떠나고 싶어했을까? 무엇을 버리려고? 혹은 찾으려고? 누가 말했던가, 네가 앉은 자리가 바로 꽃자리라고. 네가 시방 가시방석처럼 앉은 지금, 여기가 바로 꽃자리라고 말이다.

꼬리에 꼬리를 무는 상념에 젖었다 문득 솔숲으로 눈을 드니, 어느 새가 방금 앉았다 떠나간 것일까, 한쪽 가지 끝이 눈을 털며 출렁이고 있다. 지난여름 반딧불이 한 쌍을 보았던 벤치 근처를 지나갈 때 누가 팔꿈치를 툭 쳤다. 님인가 돌아보니 밤톨 하나가 눈길 위에 떨어져 또르르 굴러간다. 보석인 양 귀하게 주워와 반닫이 위, 지난가을의 석류 옆에 놓고 본다. 길이야 떠나든 안 떠나든, 꽃자리가 바로 지금, 여기임은 나도 이미 안다.

# 무밭에서 길을 잃다

지난여름 남제주 감귤밭 한가운데 엉겁결에 별장을 마련하게 된 친구를 따라 내려와 있다. 공항에서 한 시간, 성산일출봉에서 7분 거리라는데, 거실 통유리 창으로 저 멀리 일출봉이 정면으로 바라다 보이는 곳이다. 이웃이라곤 옻닭을 파는 식당 하나뿐 인가가 없어서일까. 인기척에 놀란 거미가 황급히 감귤나무 그늘로 달아나 사태를 관망할 뿐, 한낮에도 전후좌우의 사위는 고요하기 그지없다.

누드 시멘트벽의 양옥은 애초 어느 가난한 젊은 건축가가 땅주인인 토박이 도예가와 살려고 지었으나 헤어지게 되어 판 거라는데, 생각보다 크고 단단하고 또 모던한 양식이다. 집 옆으론 도예가의 도자기 공방, 그 옆엔 그녀가 돈이 생기는 대로 쉬엄쉬엄 한 귀퉁이씩 지을 거라는 살림집터다. 친구는 집을 빙 둘러 버려진 듯 유순한 둔덕과 연못, 거기 무더기무더기 피어난 쑥부쟁이와, 겨울이면 기막힌 향기를 내뿜는 키 작은 제주수선화, 낮고 검은 돌담, 감귤밭 사이에 누워 있는 고사리로 뒤덮인 주인 없는 무덤…… 등에 마음을 빼앗겨 얼결에 이 집을 사게 되었더란다.

독신의 여교수인 그는 무얼 소유한다는 것이 서울의 작은 아파트 한 칸만으로도 번잡스런 처지이지만, 이 섬을 워낙 좋아하고 또 일상의 공간을 떠날 수 있다는 사실이 마음에 들어 덜컥 떠맡게 되었다 한다. 온 나라가 '일상의 공간' 하나 마련하는 문제로 너나없이 아우성인 판국임을 생각하면 사치스럽기 그지없는 상황인 셈이다. 한달에 한번쯤이라도 바다를 건너 날아와 며칠이라도 사람 기운을 맡게 하고 관리해줘야 하는 그를 따라 온 나로선, 성가시게 소유 안 해도 되고(물론 능력도 안 되지만) 한 며칠 감사하게 누리기만 하면 되니 집주인보다 더 큰 사치를 부리는 셈이랄까.

기물이든 집채든 사람이든 일단 소유('소유'?!)를 하게 되면 '적절한 관리'를 요구하며 끝없이 까탈스럽게 제 존재를 증명하려 들거나 관계 확인을 요구하더란 사실에 진저리를 치면서, 어차피 힘도 안 닿는 '소유'는 관두고 '향유'나 하자고 일찌감치 분수 파악을 끝낸 나로서는 참으로 고마운 호사가 아닐 수 없다. 은근히 신이 나서 집을 사라고 부추긴 나 역시도, 집주인처럼, 작은 황야를 연상시키는 무심한 주변풍광에 홀연한 자유와

해방감을 맛보며 심호흡을 한다. 바로 그 맛을 보라고 초대해 준 것일 터이다.

그런데 어제 낮에 만난 땅주인의 하소연으로는, 여름내 풀을 베어주고 여기저기 꼭 알맞은 꽃을 찾아 심느라 허리 펼 날이 없다는 것이다. 너른 뜰은 그 여인 것이고 집은 이쪽 여인 것인 묘한 소유구조인데, 객인 내게는 가꾸는 사람과 즐기는 사람이 다른 이 정황도 흥미롭거니와, 손대지 않은 듯 자연스럽게 황량한 효과를 위해서는 더욱더 세심하게 신경 써서 다듬고 풀을 베어줘야 한다는 속내가 글쓰기와도 별다름 없는 일인 듯하여 웃음이 난다. 절로 휘익 쓰여진 양 물 흐르듯 유연하게 읽히는 작품이 만들어지기까지 얼마만큼이나 진득한 엉덩이 힘이 필요하던가……. 사람들이 편하게 들을 수 있는 곡을 만들기 위해선 만드는 사람이 편해선 안 된다는 조용필의 말이나, 자연미를 최상으로 치는 인간심리를 꿰뚫는 이른바 '쌩얼화장'의 인공자연미를 위해선 더한층 고도의 화장술이 필요하다는 아이러니를 곱씹게도 되고 말이다.

어제는 도예가가 일러주는 대로 뜰의 무순과 무청, 쑥, 민들레 잎 등등을 뜯어 제주 흙에 감귤나무를 태워 색을 낸 그녀의 오지그릇에 향긋한 비빔밥을 해먹고, 오후엔 신양 해수욕장과 섭지코지를 오래도록 거닐었다. 청이끼 같은 파래가 깔린 해변, 겹겹이 색깔을 달리하는 물빛으로 탁 트인 맑디맑은 바다……. 저 멀리 수평선을 따라 커다란 배가 수륙양용선처럼 떠가는 게 신기하여 한참 바라보았는데, 나중에 보니 그럼 그렇지, 실은 그저 밑 부분을 바닷물 빛으로 칠한 것뿐이었다. 우리는 스스로의 상상력에 유쾌해져서 웃음을 터뜨렸다.

비 오는 날의 목석원과, 이젠 사람 손을 너무 많이 타버렸으나 그래도 드넓은 억새밭의 늦가을 정취가 여전히 가슴을 뒤흔드는 산굼부리와, 비밀스런 삼나무길이 어딘가로 가없이 이어지는 옛 독재자의 별장이었더란 송당목장과……. 이 섬은 개발이란 이름으로 더 이상 훼손하지만 않는다면 어디 한 곳 아름답지 않은 곳이 없지만, 이번에 두고두고 잊지 못할 것은 끝없는 무밭 한가운데의 아뜩한 정적일 듯하다.

사흘째 날, 늦은 점심을 먹고 새로 난 포장도로를 따라 걷다 보니 한 시간이 지났다. 길가는 온통 청청한 잎의 무밭과 감귤밭, 그리고 다시 무밭과 감귤밭. 그 사이에 갈기를 휘날리는 당근밭이 한 뙈기 있어 몰래 하나씩 캤다. 가늘고 기다란 게 맛있더란 얘기를 주고받으며 쑥 잡아 뽑고 보니 짧고 굵은 놈. 잠깐 실망했지만 밭가의 수돗물에 씻어 한입 깨무니 의외로 참 달고 맛있다.

온 길로 되짚어 돌아가야 했겠으나, 싱싱한 당근 맛에 모험심이 솟구친 것이었을까. 찻길을 버리고 우리는 밭 사이로 난 고샅길로 접어들었다. 성산일출봉을 등대삼아 각도를 가늠해 보자면 무밭 사잇길로 잠시 걷다보면 분명 집이 나올 것 같았다. 아까 걸어온 도로가 둥그렇게 휘어졌던 것을 생각할 때

직선거리의 지름길이 될 듯도 싶었다. 이 안쪽은 사방이 야트막한 검은 돌담으로 나뉘어진 무밭뿐이었는데, 크기가 제각각인 천 조각들을 조각보처럼 구불구불 이어 붙인 듯한 밭뙈기들의 조형미도 재미날뿐더러 짙푸른 무밭 위에 내리는 늦가을 하오의 햇살을 받으며 두런두런 제주 고샅길을 걷는 것이 참 즐거웠다— 한동안은.

어느 순간 문득 이야기를 멈춘 우리는 얼굴을 마주보았다. 이미 반시간 남짓이나 밭 사이를 걸어왔는데도 집으로 돌아가는 길은 종잡을 수가 없고, 농부들도 일요일은 쉬는지 방향을 물어볼 만한 사람 하나 지나가지 않았다. 게다가 아까는 거실에서 볼 때와 같이 정면으로 바라보이던 일출봉이 지금은 토라진 애인처럼 비스듬히 돌아앉아 있지 않는가.

성산일출봉이 좀 변덕스럽더란 거야 엊그제 이미 눈치 챈 일이었다. 맑은 아침나절에는 거실에서도 손에 잡힐 듯 또렷이 바라보이던 자태가 오후 들어 구름이 낮게 드리워지기 시작하면서는 밑둥은 사라진 채 공중부양으로 어슴프레 떠 있는가 싶더니만, 차를 마시다 고개를 든 한 순간엔 어디가 하늘이고 어디가 바다인지 알 수 없는 막막한 잿빛 허공 뿐, 언제 거기 해 뜨는 봉우리가 있었느냐는 듯 종적조차 가뭇하던 것이다.

가슴이 파닥이기 시작했다. 조금 전만 해도 청청하기 그지없던 무밭 풍경과 사위에 가득한 정적이 오싹 두려워지고, 머지않아 해가 기울 텐데 이러다 길을 잃을 수도 있겠다는 생각이 들었다. 하지만, 설마……. 어느 소설에서처럼 현기증 나는 대형 슈퍼마켓에서 혹은 개미굴 같은 신도림역에서도 아니고, 평화롭기 그지없는 제주 무밭 한가운데서 길을 잃다니?

고집스레 앞으로 좀더 나아가던 우리는 약속이나 한 듯 휙 되돌아 걷기 시작했다. 미로처럼 뚫린 어슷비슷한 고샅길을 한편으론 혹시 찻소리가 들리나 귀를 기울이고 또 한편으론 일출봉의 각도를 연신 살피며 종종걸음 치노라니, 먼 도시에서 날아와 고요한 제주 무밭 한가운데를 헤매는 우리의 모습이 마치 우리 삶의 어떤 비의에 대한 은유만 같아 핫! 핫! 큰 소리로 웃고 싶어지기도 했다.

어느 순간 거짓말처럼 별안간 찻길이 나타나는 것과 동시에, 마치 기다렸다는 듯 미로 어느 구멍에선가 트럭 한 대가 나왔다. 망설이는 친구를 제치고 무작정 차를 세워 얻어 탔다.

"드랭이(들) 가든!"

옻닭집 이름을 외치고 나니 와락 또 다른 공포가 엄습했다. 이러다 어디 농막 같은 데라도 끌려가는 것은 아닐까. 나는 멀쩡하게 생긴 두 도시 여자가 어쩌다 이런 시각 이런 장소를 헤매게 되었는지를 부러 큰 소리로 늘어놓기 시작했다. 듣는지 어쩌는지 운전사는 아무 반응이 없다. 그러다 문득 핸드폰으로 손을 뻗더니 아내에게 전화를 걸어 조금 늦어진다고 연락을 하는 것인데, 그런 일상의 한 장면에 비로소 남몰래 파들거리던 가슴이 진정되면서 가만한 안도의 한숨을 내쉬었던 것이다.

트럭에서 내린 우리는 앞서 산책을 나설 때 봐둔 이웃의 갈아엎은 무밭으로 내려가 아무 일도 없었던 듯 심상하게 허리를 굽혀 남은 무를 몇 개 뽑기 시작했다. 이렇게 싱싱하고 튼실한 무를 버리다니 너무 아깝지 않냐는둥 하는 소리를 천연스레 주고받았을 뿐, 무밭 사이를 헤매다 기적처럼 나타난 트럭을 얻어 타고 오기까지의 은밀한 공포에 대해선 서로 아무 말도 하지 않았다. 저녁 반찬으로 무 조림을 해먹고도 이틀이 더 지난 지금, 저기 말갛게 일직선으로 앉아 있는 일출봉을 바라보면 아득해진다 — 꿈이었나?

지금, 내-생의-다시-못-올-순간들을-밟아-지나가고-있다는 인식이, 내가 딛고 가는 시간의 한 눈금 한 눈금이, 무밭 사이 고샅길을 헤매던 하오처럼 내 의식을 베며 날카롭게 다가왔던 적도 별로 없었던 듯하다.

# 식탁

두 사람은 묵묵히 수저를 놀린다. 돌덩이 같은 침묵이, 열흘 묵어 옹벽처럼 굳어버린 침묵이 식탁 위를 짓누르고 있다. 갈치조림과 된장찌개, 계란찜과 겉절이. 저녁상은 소박하다. 그래도 모두 남편이 좋아하는 반찬들, 여느 때 같으면 소탈한 입맛의 그가 우습도록 "맛있다"를 연발했을 찬들이다. 아내는 갈치조림이 기대한 대로 맛있게 되었음을 확인한다. 남편의 혀도 분명 싱싱하고 연한 갈치 맛을 즐거워하고 있을 것이다. 그러나 정작 그 주인은 아내와 열흘이 넘도록 냉전 중이며 따라서 평소 같은 너그러운 칭찬이란 어림도 없고, 나아가 미운 아내와 식탁에 마주 앉아 그녀가 차린 음식을 먹는다는 사실조차 자존심 상하여 한시 바삐 수저를 놓고 일어서려 서두르고 있는 걸 아내는 안다. 그리곤 이렇듯 끈질기게 화를 내자니 그 마음이 얼마나 고될까, 내심 안쓰러워한다.

서둘러 수저를 놓은 남편은 베란다로 나가 등을 보이며 선다. 평소엔 즐겨 설거지를 도맡아하던 그는 지금은 주방 근처에는 얼씬도 하지 않는다. 설거지 따위의 집안일은 실상은 아내 몫이었으며 자신은 그저 호의와 선심으로 도와주는 것뿐이었다는 선언일 테지. 성난 눈빛과 낮게 으르렁거리는 목소리보다도 주방과의 멀어진 거리가 그의 분노를 더 웅변적으로 말해주는 듯하다. 아내는 남편의 책 읽는 옆모습만큼이나 그의 설거지하는 뒷모습에 길들여져 있다. 그래 지금 주방이 아니라 베란다에 나가 선 그의 뒷모습에 가슴속에 우멍한 공동이 생긴 듯 낯선 외로움을 맛본다.

거실 통유리창에 유백색의 식탁 등과 그 아래 앉은 아내의 모습이 환히 비쳐든다. 마치 감청색 옷을 입고 석상처럼 우뚝 선 남편의 몸 안에 동그마니 들어앉은 것처럼 보인다. 르네 마그리트의 초현실화에서 걸어 나온 듯한 구도에 아내는 조용히 소스라친다. 언젠가 이 색다른 구도를 어느 소설 속에건 꼭 짜 넣으리라. 그녀는 연해지는 마음자락을 밀쳐내며 반항하듯 머릿속에 메모를 해둔다. 열흘 전 몇 년 만에 처음으로 격한 말다툼을 했을 때, 그는 "오늘 이 싸움도 어디 잘난 소설 재료로 써먹어 보시지!"하고 빈정거렸었다.

이 대범한 남자가 이토록 화를 낼 때에는 마땅한 이유가 있을 터. 사회과학도인 그는 문학을 한답시는 아내가 마음속에

이 방 저 방 마련해 두고 수시로 들락거리는 몽상가라며 비난했었다. 아내는 그거야 너무나도 당연한 일 아닌가, 하며 놀랐다. 그런 자기만의 방마저 없다면 이 평온하여 더욱 완강한 일상을 어찌 견딜 것이며 또 모름지기 글을 쓰겠다는 사람의 정신세계가 더 이상의 뺄셈이나 덧셈의 여지도 없이 지금 눈앞에 빤히 드러나 보이는 이 한 차원의 시공간, 이 한 겹의 관계들에만 국한된대서야 무슨 글줄이 나오겠느냐면서 반발한 것이다. 자신이 대책 없는 몽상가라는 거야 눈멀고 귀먹어 다름 아닌 그와 뒤도 안 돌아보고 결혼으로 달려갔다는 사실만으로도 일찌감치 공인되었다는 게 아내의 생각이었다. 몽상가가 아닌 다음에야 당시 그가 처했던 불리한 여건들 속으로 어찌 그토록 즐겁게 달려 들어갔을 것인가. 또 지금껏 자신이 그 누구보다 운 좋은 여자라고 확신하며 푼수 아내로 감사하게 살아올 수 있었겠는가.

그러나 이 모든 입속말을 그녀는 한마디도 뱉어내지 못한다. 아내는 애초 그런 훈련이 전혀 되어 있지 않다. 상식과 원칙에 입각한 합리적이고 윤리적인 사고의 소유자임을 자부하는 남편 앞에, 상식을 뒤집어보고 원칙을 깨부숴보며 어떻게든 자기만의 활짝 열린 시각과 다층적인 잣대를 벼려나가려는 자의 고삐 풀린 상념들을 꺼내 보이다니, 아니다, 아니 될 일이다. 구태여 그 둘의 충돌을 자초하여 일상적 삶에서 귀 찢어지는 파열음을 일으킬 필요는 없다는 게 아내의 생활인으로서의 지혜라면 지혜였다. 그러니, 제 안에 칸칸이 방을 만들어두고 혼자 여기 들앉았다 저기 들앉았다 하며 들락거릴 수밖에.

그의 뒷모습은 단호하다. 또한 몹시도 고독해 보인다. 나이 먹어가는 중년남자의 완고한 잔등만큼 연민을 불러일으키는 벽이 또 있을까. 아내는 들척지근한 단맛이 나도록 밥알을 꾹꾹 씹으며 생각의 넝쿨을 따라간다. 이쯤에서 그만 백기를 내걸어볼까. 목소리는 그의 것이 컸지만 실상 케이오 패를 당한 것은 그임을 둘 다 아는 바에야. 여느 때 같으면 잘못이야 어느 쪽에 있건 하루해를 넘기기 전에 먼저 화해를 청하곤 하던 아내는 이 무익한 힘겨루기가 괴롭다기보다는 그저 우스꽝스럽고 어색한 쪽이다. 가죽처럼 질기고 딴딴해진 아내에게 저 원칙주의자 남편은 아직도 커다란 분노와 배반감을 맛보고 있는 것일까. 애초 그렇게나 기다란 줄을 매어 마음껏 풀밭을 돌아다니게 해줄 일은 절대 아니었다고 자탄하고 있는 것일까. 시를 몰라도 '혼과 혼의 두 언덕 사이에 출렁이는 바다를 놓아두라'는 시인의 잠언을 너그럽게 실천하며 살아온 그는, 그 바다가 어느 땐가부터 자신이 즐겨 감내할 수 있는 이상으로 넓어져 버린 것에 놀라고 당황해 하고 있는 것이리라.

열흘 전 저녁식탁에서 아내는 머뭇머뭇 운을 떼었다.

나 어딜 좀 가고 싶은데…….

어디를? 며칠이나?

원주…… 토지문화관에…….

거기가 뭐하는 덴데?

왜, 있잖아요, 박경리 선생님이 하시는. 작가들에게 무상으로 숙식을 제공하고 석 달간 방을 빌려준대요, 글 쓰라고……. 지난달에 신문 보고 신청했더니 어제 연락이 왔어요, 언제 오겠느냐고…….

말을 마치기도 전에 남편의 얼굴은 이미 딱딱하게 굳어져 있다. 아내는 몹쓸 짓을 할 테니 허락해달라는 철부지 딸이 된 듯한 열패감과 함께, 벼르고 벼른 이 얘기는 역시나 본전도 못 건진 채 그의 감정만 상하고 말 것임을 안다. 그는 붉어진 얼굴로 힐난한다.

그러니까, 이미 혼자 다 결정해놓고 이제 와서 통보한다는 거야?

결정은 무슨……. 그러니까 지금 의논하는 거잖아요, 살림은 주말마다 집에 와서 좀 챙기고. 신청은 했지만 막상 될 줄은 몰랐어. 방도 서너 개밖에 안 된대서…….

뭐어, 방? 방이야 애들도 없는데 텅텅 빈 게 다 방이잖아. 덩그런 내 집 놔두고 왜 글을 꼭 그런 데 가서 써야 해? 주부가 살림 내팽개치고 왜 중뿔나게 그런 델 가야 소설이 나오냐구. 도대체 거기가 뭐하는 데야? 소설 쓴다는 사람들은 다 그런 거야?

그건 바로 아내가 한 달 전부터 줄곧 곱씹어온 물음이다. 눈 딱 감고 집을 떠나 그런 곳에 틀어박히면 몇 달째 꽉 막혀 있는 글의 길이 뚫리게 될까. 용케 그가 이해를 해준다 해도 차마 집을 떠날 수 없는 이유를 그녀 스스로도 열 가지도 넘게 꼽을 수 있다. 매달 때맞춰 보내야 하는 번역 원고들은 차치하고라도, 식탁을 차리는 일이며 그의 바지 주름을 세우는 일이며 썰렁한 빈 집 문을 따고 그를 들어서게 해야 하는 일이며, 그러고도 종국엔 빈손으로 돌아 나올지 모른다는 두려움이며…….

아내는 속으로 쓴웃음을 짓는다. 아직껏 발목만 조금 적신 채 그 바다에 풍덩 몸을 던지지 못하고 있는 자신은 '소설 쓴다는 사람' 비슷하게 되기까지만도 한참을 더 몸부림치며 가야 하는 먼 길이라는 걸 그는 모른다. 남편의 당당한 힐난과 아내의 주눅 든 웅얼거림 사이에는 그녀의 글쓰기란 돈을 벌어오는 것도 이름을 얻는 것도 못되는, 어째 잘 하고 있던 생산적인 일을 버리고 옆길로 외도하는 것과 비슷한 노릇이라는 인식이 은연중 깔려 있을 것이다.

길을 막고 물어봐라, 어느 남편이 그런 아내를 보아내나?

몇 번 거친 말이 오가더니 급기야는 굳이 집 밖으로 뛰쳐나가서까지 소설인가를 써야 한다면 그런 아내는 필요 없으니 아예 내 집으로 돌아오지 않아도 좋다는 말까지 나오고 말았다.

구태여 길을 막고 물어볼 것도 없겠죠, 내가 생각해도 원칙이야 당신 말이 옳으니까…….

울울한 심정으로 체념하던 아내는 다시금 발끈했다. 어디가 되었든 집을 떠나 석 달만 마늘을 먹으며 집중할 수 있다면.

그러면 일년이 가깝도록 무의미한 구슬 상태로 어지럽게 흩어져 있던 글 조각들이 제법 그럴싸한 목걸이로 가지런히 한 줄에 꿰어질 것만 같은 확신이 더욱 간절해지면서, '만약 내가 아내가 아니라 남편이라면?'하는 데 생각이 미친 것이다. 만약 그녀가 이 집의 아내가 아니라 남편이라면? 아무도 알아주지 않는 무명작가라 해도 글 쓰는 남편이 몰입과 집중을 위해서란 명분으로 원고뭉치를 싸들고 어디로든 떠나겠다면 아내가 감히 뭐라 할 수 있을까. 돈이 되고 이름이 되는 일이 아닌 줄 번연히 알면서도 그를 자유롭게 놔두지 않을까. 생각이 이에 이르자, 이 따뜻한 식탁을 탕탕 깨부수고 바람 부는 거리로 정처 없이 나서고 싶은 격정에 휩싸였다. 그래서였을 것이다. 아내는 남편의 눈을 똑바로 쏘아보면서 이제껏 단 한 번도 생각조차 해본 적 없는 신랄한 말을 내던졌다.

이게…… 어째서 당신 집이죠? 내 기억으론 이 집의 종자돈은 분명 내가 만들었는데? 말이 난 김에 한 마디 더하자면, 당신의 잘난 학위의 최소한 절반은 내 기여분이고 말이죠.

순간, 남편은 눈에 띄게 휘청, 했다. 십여 년 세월이 흐르는 동안 자연스레 잊혀지고 없는 일이 되어버렸던 사실을 지적당한 것이다. 아내 또한 얼굴이 화끈 달아올랐다. 하릴없는 자격지심의 발로요, 유치하기 그지없는 반격이었다. 아내는 섣불리 내뱉은 말을 이내 후회하며 부끄러워했지만, 그래도 이기적인 남자들에겐 가끔은 자기네 편리하게 망각해버린 사실들을 한 번씩 상기시켜줄 필요도 있다고 생각하며 얼른 합리화했다. 그날부터 남편은 입을 굳게 다물었다. 언젠가 원고뭉치를 싸 들고 집을 떠나고 싶을 때는 아무 때고 당당히 떠날 시절이 오기를 벼르며, 아내 또한 죽은 듯이 엎드려 있기로 했다.

베란다의 고독한 석상을 지켜보면서 아내는 내심 그에게 몹시 미안해한다. 그는 지금 무엇을 내다보고 있을까. 어떤 기준을 들이대더라도 그는 평균치의 한국남자들보다는 훨씬 좋은 남편임에 틀림없다. 그는 소리 없이 일상의 주름진 데를 펴주고 금간 데를 메워주면서도 생색 한번 낸 적 없는 사람이었다. 그런데 어느 날 갑자기 아내는 그가 이해할 수 없는 자기 욕망과 자기 열정에 떠밀려 소설을 쓰겠다고 나섰고, 그로부터 주방에선 '행주와 걸레의 질서'가 무너지고 사다만 놓고 물주는 것을 잊어버린 꽃나무는 말라 죽어갔다. 아내는 자기만의 스트레스에 쌓여 더 이상 부부동반 모임에도 따라나서지 않으려 든다. 자신이 쓰고 싶은 글과 쓸 수 있는 글 사이의 괴리 때문에 점점 더 재미없고 불쌍한 여자가 되어가고 있다. 그런 여자의 옆 사람이란 누구라도 사양하고 싶은 싫은 자리가 틀림없을 것이다.

석상 속에 동그마니 앉은 아내에게 뜬금없이 오래 전 데이트 시절의 삽화 몇 장면이 떠오른다. 하루는 그가 스파게티를 해줄 테니 자기 집에 놀러가자고 했다. 스파게티를 삶을 때는 물을 넉넉히 잡아야 하고, 국수는 오래 삶되 심은 익지 않아도 된다고 했다. 그는 타일 벽에 국수 가닥을 탁 던져서 그대로 척 들러붙으면 다 익은 거라고 가르쳐줬다. 그날 그녀는 몇 번씩 국수 가닥을 부엌 벽에 던져보면서 그런 재미난 것도 알고 있는 남자가 마음에 들었다.

밥 짓는 법을 가르쳐준 것도 그였다. 할리우드에 영화를 보러 가자하여 기다리고 있는데, 그는 다 찌그러진 시볼레 고물차에서 쌀 포대와 라면상자와 김치병을 들고 내렸다. 학교와 아르바이트 사이를 오가느라 밥해 먹을 시간도 없이 동동거리던 그녀는 아, 이 사람과 결혼하면 밥을 먹여주겠구나, 턱없이 감동했다.

생각에 잠겨 손가락으로 식탁을 문지르던 아내의 입가에 희미하게 미소가 떠올랐다. 그래…… 그는 결국엔 밥을 벌어 먹여주었지…… 설거지까지도……. 바로 그때 남편이 뒤로 돌아섰다. 뜻밖에 보는 아내의 미소에 그가 열흘 만에 퉁명스레 입을 열었다.

왜 웃어?

요즘 아내는 수시로 주방을 들락거리면서도 책상 앞에 곧잘 붙어 앉아 있다. 식탁과 책상을 동시에 부여잡고 가기.

조금 힘을 빼고 느긋하게 마음을 고쳐먹으니 그리 불가능하거나 안달을 낼 일만은 아니다. 물론 진작에도 알고는 있던 사실이지만.

# 나 여기 있고, 너 거기……

거기 당신, 잘 계시는지요.

어제저녁엔 복숭아 과수원이 있는 언덕배기로 산책을 나갔다가 비를 만났습니다. 비는 이내 우박— 우박!—이 되어 옷소매에 하얗게 흩어지겠지요. 며칠 전 물을 댄 무논의 개구리들이 제 뜀박질에 우바우바우바, 울어쌓으며 장단을 맞추는 통에 헐레벌떡 뛰는 중에도 막 웃음이 났습니다. 아침에 보니 제가 제 맘대로 '청매헌'이라 이름 붙인 숙소 창밑의 청매화가 간밤비에 처연히 떨어져 내렸더군요. 빈 가지 끝에 가슴이 붉은 딱새 한 마리가 앉았다 가는 것을 한참 지켜보았습니다.

지난 달 이 골짜기에 처음 들어왔을 땐, 산세도 밋밋하고 마을도 어째 멋없이 아무렇게나 앉은 듯만 하여 좀처럼 정 붙을 성싶지 않았었어요. 아침에 일어나면 창밖 빈 옥수수 밭에는 서리가 하얗게 앉았고, 저녁산책길의 미루나무 우듬지엔 지난해 옥수수 밭이랑을 덮었을 비닐조각들이 함부로 날아가 걸려 한 마리 새나 귀신처럼 바람에 솨솨 흔들리곤 했었습니다. 그러다 어느 결엔가부터 봄은 갖가지 살아 있는 소리와 냄새와 빛깔로 제 오감을 사로잡으며 살금살금 다가오더군요. 산 밑에 오래 깃들고 살아 산빛과 산소리를 제법 잘 안다고 생각해온 제게도 하루하루가 경이로운 신비의 연속입니다.

아침에 눈을 뜨면 창밖에는 온갖 새소리가 수다스럽습니다. ≪한국의 텃새≫, 이런 책에서 저는 이 나무에서 저 나무로 날아가는 몸이 가늘고 꽁지가 긴 오목눈이를 알아봅니다. 딱새 · 솔새 · 울새, 이런 작은 새들의 이름을 불러주고, 빈 논밭 위를 나는 두루미와 백로와 왜가리를 구별하는 법도 배웠습니다. 마을에선 닭과 개와 거위들도 한 소리를 합니다. '주인집'의 거위는 이따금 고장 난 금관악기 소리로 꺼억꺽 울어 깜빡 밀려들던 졸음을 깨우고, 종일토록 심심해 죽겠는 개들은 하마 지금쯤은 낯이 익을 법도 한 이 나그네를 향해 지치지도 않고 짖어대며 유세를 하지요. 그 중 단 한 마리, 산책길 초입의 흰 잡종 중강아지만이 짖지도 꼬리도 흔들지 않고 멀뚱 바라만 봐서 나그네의 마음을 더 짠하게 합니다. 저는 개를 향해 중얼거리지요. 사랑받아본 적이 한번도 없는 거니, 너는? 사랑은커녕 미움조차 받아본 적 없어 아예 그런 무관심이 된 거니?

산중턱엔 흙집 짓기를 가르치는 아쉬람이 있습니다. 첫날,

흙벽돌을 찧어 맑은 유리창을 달아낸 서너 채 흙집들에 이끌려 걸어 올라가다 보니 출입문 자리에 큼직한 개집이 서 있겠지요. 마음껏 멋을 내어 풍류 삼아 만든 것이 역력한, 참 독특하고 아름다운 개집이었습니다. 너와지붕을 인 네 벽은 윗부분에는 일고여덟 개의 둥근 통나무를 단면이 보이도록 일렬로 박았고, 그 아래로도 가운데는 조금 큰 통나무를, 그 둘레로는 일곱 개의 작은 통나무를 꽃잎처럼 빙 돌아 박아 멋을 부렸더군요. 여름엔 맞바람이 들도록 여닫을 수 있게 뚫어낸 또 하나의 문에 이르기까지, 첫눈에도 상당한 정성과 공이 들어간 멋진 개집이었어요. 그토록 예쁜 집에 사는 개는 흠뻑 사랑받아 그런지 좀체 짖지도 않았습니다. 나중에 인사를 트게 된 '흙처럼 아쉬람'의 주인은 유럽에서 철학을 공부한 철학자이기도 했는데, 사람 눈에 미학적이라 하여 개도 같은 생각인 건 아니더라는 그의 웃음 섞인 말이 제겐 새겨들을만하더군요. 개는 그 아름답고 호사스런 저택보다는 뒤꼍에 땅을 파고 들어앉길 더 좋아하고 새끼도 거기서 낳더라는 얘기였지요.

저녁산책에서 돌아오다 보면 골짜기 위 흙집 짓는 철학자네 등불이 제일 먼저 따스한 밀감색으로 밝혀져 있곤 해요. 그래서일까요. 삼십년도 넘게 잊고 있던 옛 노래가 불현듯 입가에 되살아납니다.

아득한 산골짝 작은 집에/ 아련히 등잔불 비칠 때

그리운 내 아들 돌아올 날/ 늙으신 어머님 기도해

아직도 가사가 기억나는 것에 놀라며 끝까지 다 부르고 나면, 그 시절 자주 부르던 또 다른 노래가 잇달아 떠오르는 것이지요.

이 세상에 모든 것 사라져도/ 참 사랑은 변치 않고
또 세월이 흐르면 흐를수록/ 더 깊어만 가는구나.

예전엔 곡조도 너무 애상적인 데다 '참 사랑'이니 '세월'이니 '깊어간'다느니 하는 노랫말들이 저와는 아무 상관없는 듯이, 그러니까, 너무 낡고 늙은 듯이 여겨지던 곡이었어요. 그런데 오늘 저녁, 골짜기를 달려 내려온 힘찬 봄 도랑물을 건너며 이 노래를 불러볼 때였습니다. 그 진부하기 짝이 없는 구절구절이 제 안의 무엇을 건드린 것이었을까요. 가슴이 울컥 메이면서, 제 몸속에 저 위 흙집의 따스한 등불 같은 것이 오롯이 밝혀지는 듯한 느낌이 드는 것이었어요. 예전엔 너무 낡아 오히려 더 생경하던 낱말들이 지극한 의미를 띠고 제 피 속에 스며드는 느낌 말이예요……. 그리고 저는 아마 당신께 바로 그 등불 이야기를 하고 싶어 지금 먼 길을 에둘러가며 이 편지를 쓰고 있나 봅니다.

간밤, 전화 한 통을 받았습니다. 산책에서 돌아와 젖은 몸을 말리고는 감기가 오는 기미에 서둘러 자리에 누웠을 때였어요. 한때는 아주 가까운 거리에서 서로 마구 간섭하며 지내던 특별한 친구, 그러다 작년 봄 어떤 계기로 제가 마음속에서 탕, 그야말로 탕! 소리를 내며 내려놓아버린 어느 친구의 전화였어요. 내려놓았다곤 해도 그의 안위를 궁금해 하거나 염려하지 않았다는 건 아닙니다. 마음을 열어 한번 각별한 관계망 속으로 들어온 몇몇 사람들과는 어떻게든 끝까지 껴안고 가고자 애쓰는 제 기질을 어쩔 수 없어, 몇 발짝 떨어진 자리에, 종전과는 조금 다른 각도로, 비스듬히 물러나 앉아, 묵묵히 지켜보게 된 친구라는 뜻이지요. 이를테면 예전에는 머리로는 아주 잘 알지만 가슴으로 따르기는 어려웠던 레오 버스칼리아의 말을 실천해보는 중이었다고나 할까요—'사랑이란, 내가 원하는 이미지대로 당신이 변화되기를 바라는 것이 아니라, 당신을 당신 자신으로, 당신의 본질로, 고유한 특성으로, 본래의 아름다움으로, 당신 스스로 되돌아가도록 이끌어주고자 하는 소망의 과정이다.'

어젯밤 친구가 중대한 소식처럼 한 말은 나, 이제부터 돈을 좀 벌기로 했어, 였습니다. 스스로를 먹여 살려야 하는 성인이라면 누구나 당연하게 해야 하는 일을 마치 나, 이제부터 몸을 팔기로 했어, 라고나 말하듯이 자못 비장하게 발음하는 것입니다. 어쩐지 픽 웃음이 나면서도 진심으로 다행스러워서 저는 참 잘 했어, 그랬습니다. '돈을 번다'는 것이 그의 본질이나 기질 혹은 그가 하는 창작 작업과는 거의 대척점에 있는 행위임을 너무나도 잘 알기에, 또한 요절하기엔 오래 전에 늦어버린 지금, 아무도 알아주지 않는 필생의 힘겨운 작업을 계속하기 위해서도 어떻게든 살아 있어야 한다는 간절한 의미에서 그랬습니다.

처음 알던 무렵의 그는 막 예술가로서의 고단한 삶에 일생을 건 사람의 지나치게 진지하고 결연한 표정을 짓고 있더랬지요. 그는 그때까지 제가 알던 이들 중 가장 가난하고 비현실적이면서 예술적 재능과 두뇌는 가장 뛰어난 사람이었는데, 지극히 범용한 인간인 제가 그에 비하면 너무나 가진 것이 많다는 사실이 자못 부당하고 미안하게 여겨져서 그가 자칫 포기하고 쓰러져버리지 않도록 한 팔을 슬그머니 붙잡아주며 건너온 세월도 제법 길었더군요. 훗날 그는 가장 그다운 방법으로 저의 신뢰를 배반하게 되는데, 그 배반이 기실은 저에 대한 보다 큰 신뢰를 바탕으로 하고 있었더란 깨달음도 한낱 평범한 상식적 인간인 제게는 한참 나중에야 찾아오게 되었었지요. 만일 제가 이 친구를 통과하기 전보다 다소나마 더 나은 인간이 되었다면, 궁극적으론 자기애의 변용에 지나지 않을지라도, 사랑도 우정도 단맛이 아니라 쓴맛을 지그시 베어 문 채 '그럼에도 불구하고' 아끼고 가꿔가는 것이란 가르침을 고통 속에 체득한 덕분이라 저는 생각합니다.

그 동안 궁구가 많았던 듯, 어제 그는 돈을 벌 방법을 구체적으로 펼쳐보였는데, 그 방법이란 게 적이 엉뚱하게 들려 저는 잠시 말문이 막혔습니다. 어쨌든 그는 비상한 두뇌와 무엇이든 한번 몰입하면 끝을 보고야 마는 열정으로 자신이 궁리해낸 프로젝트에 올인할 것이 틀림없어 보였어요. 저는 다만 행운을, 그리하여 그가 웬만큼은 마음 놓고 창작 작업을 계속할 수 있는 여건이 마련되기를 빌어줄 따름이었지요.

무엇을 하건 부디 초심을 잃지 말라고 당부하며 전화를 끊으려 할 때였습니다. 잠깐 머뭇거리던 그가 밑도 끝도 없이 불쑥 고마워, 했습니다. 고맙다니, 그가 내게? 멈칫한 제가 고맙다니, 뭐가? 묻자, 그는 짧게 헛웃음을 웃더니 그냥, 무슨 먼 등불처럼 변함없이 거기 깜박이며 있어줘서, 라고 말하는 것이었어요. 어느 시구처럼, 자신을 산산이 으깨며 유난히 힘겨운 한 생을 살아가는 그에게 제가 한때는 '연탄 한 장' 만큼의 위로는 되었더란 고백을 그렇게 에둘러 하는 것이었을까요. 아니면 진작에도 알았으나 이제야 비로소 말로 표현할 줄 알게 되었노라고 얘기하는 것이었을까요. 순간, 또 다른 친구가 제게 위로 삼아 해준 말처럼, 험한 가시밭길을 지난 한참 뒤에 그가 저를 향해 아, 그때 그 사람이 장미였구나, 깨닫도록 그를 내팽개치고만 싶었던 순간들이 생각나면서 울먹해지는 마음을 어쩔 수가 없었습니다. 온갖 하지 않은 말들을 한데 뭉뚱그려 저는 가까스로 그러니까, 우리 열심히 잘 살자, 하고 끊었던 것인데, 아까 산책길에 도랑물을 건너뛰는 순간 옛 노래의 구절구절이 가슴에 꾹꾹 눌러 새겨지면서, 한때는 저를 몹시 실망시키고 상처를 주기도 했던 그가 제게도 먼 등불처럼 깜박이며 앞으로 나아갈 힘이 되어왔음을 불현듯 깨달았던 것인지도 모르겠습니다. 결국은 은연중 서로서로 비스듬히 기대서 받쳐주며 '사람人'자를 그려내고 있었다는 깨달음에 제가 도달한 것이겠지요.

영화 〈왕의 남자〉 의 저 유명한 장님놀이 장면의 대사를 기억하시겠지요. 영화 초입, 한양으로 가던 장생과 공길은 한바탕 장님놀이를 펼치면서 "나 여기 있고, 너 거기 있지." 라는 말을 주고받으며 서로를 껴안으러 다가갑니다. 그러나 눈이 안 보이는 그들은 번번이 엇갈리고 말지요. 그러다 영화 말미에서 들길을 걸으며 두 사람은 다시 한번 이 대사를 주고받는데, 여기서는 소통과 교감을 암시하며 앞서의 장면과는 좀더 발전해 있어 영화의 전체 내용을 압축시키는 중요한 작용을 합니다.

"이봐, 나 여기 있고, 너 거기 있어?"

"아, 나 여기 있고, 너 거기 있지."

오래 전 이 영화의 원전이 된 연극 〈키스〉를 볼 때의 전율을 저는 아직 기억하고 있어요. 막이 오르면 가녀린 몸매의 두 남녀가 무대 양 끝에 대각선으로 나와 서서 서로를 향해 "나 여기 있고……, 너 거기 없어……." 하는 안타까운 대사를 끝없이 반복하는 작품이었지요. 간절한 그리움과 안타까움만 무대 위에 가득할 뿐 좀처럼 다가갈 것 같지 않던 두 사람의 거리는 어느 순간부턴가 "나 여기 있고……, 너 거기 있어……."라는 대사로 바뀌며 조금씩 좁혀져 가지요. 그런 다음에도 서로를 향해 가는 두 사람의 걸음은 사뭇 비틀거리며 어긋나다가, 마침내 "나 여기 있고, 너 여기 있어!" 하는 속삭임과 함께 무대 중앙에서 만나져 열렬한 포옹과 키스를 나누며 끝나는 작품이었습니다. 그토록 애타고 오랜 부름 끝에 마주한 두 연인의 포옹은 분명 상대방 그 자체보다는 둘 사이에 존재하는 '거리'와 '시공간'을 얼싸안는 포옹이었을 거예요.

부부든 친구든 연인이든 한 사람이 다른 한 사람을 사랑한다는 것은 결국 '나 여기 있고, 너 거기 있어'를 확인하는 과정에 다름 아닐 거란 생각이 들어요. 물론, 나 여기 있고 너도 여기 바로 내 곁에 있으면 더 좋을 수도 있겠지요. 그러나 둘 사이의 빈 거리를 껴안은 채 제각각 한 그루 나무로 올곧게 서 있으면 더 좋겠다는 생각을, 제가 자꾸 비틀거리고 어디엔가, 누구에겐가 기대고 싶다는 생각이 들수록 더 자주 하게 됩니다. 그래야만 모든 것의 가차 없는 주인인 시간이 한참 흐르고 난 뒤에도 서로를 향해 변함없이 따스하고 온전한 등불로 깜박일 수 있으리란 인식 때문이지요.

오늘 언덕배기의 복숭아과수원엔 아기 손톱만 한 연분홍 꽃눈이 맺혔고, 복숭아나무 밑으론 초록융단, 또 그 융단 사이사이로는 노란 꽃방망이 같은 산괴불주머니와 노란 꽃다지가 꿈결처럼 무더기무더기 피어났더군요. 덩달아 튀어 오르고 싶은 푸르른 기운을 누르고 억지로 자리에 몸을 앉히면, 보름 전부터 유난히 제 마음을 사로잡는 창밖의 세 그루 나무가 눈 속으로 뛰어듭니다. 다른 나무들은 연초록 잎을 틔운 지도 한참인 지금까지도 꽃눈인지 잎눈인지도 알 수 없는 큰 봉오리들을 단단히 맺은 채 밖으로 밀어내기 위해 안간힘을 쓰고 있는 나무들 말이지요. 얼마나 대단한 꽃이 혹은 잎이 터져 나오려고 저토록 용을 쓰며 아프게 뭉쳐 있을까요. 마치 굵은 '종기'가 무수히 맺혀 있는 것만 같은 형상인데, 저래봤자 꽃이 아니라 한낱 잎에 불과하리란 조짐을 눈치 챈 어제오늘부터는 그 못생긴 봉오리들이 마치 한창 끙끙 앓는 중인 저의 못난 모습을 닮은 것만 같아 동병상련의 연민마저 품고 초조하게 지켜보는 것이지요.

이곳 '토지'의 집주인인 팔순의 '공양주 보살'님은 오늘도 관절염을 앓는 아픈 무릎으로 당신의 책상 앞에 주질러 앉아 취며 두릅을 다듬어 무쳐주셨습니다. 향기로운 나물들을 마음 조아리며 꾹꾹 씹어 먹으면서 내 결코 빈손으로 이 방에서 나갈 수는 없으리라 다짐하나, 갈 길은 멀고 머리와 손은 사뭇 굼뜹니다.

그러니 당신, 당신도 거기 변함없이 깜박이는 또 하나의 등불로 그 자리에 계셔 주시어요. 일곱 사람만 건너면 전 국민이 죄다 거미줄처럼 연결된다는 이 시대라지만, 주변머리 없는 제게는 기껏해야 열 손가락, 아니 다섯 손가락도 채 꼽아지지 않는 당신들의 등불에 기대어 자꾸 무너지려는 몸과 마음을 추스르니까요…….

# 시간의 방향

샤워를 하고 빈 거실로 나오는데 이층장 위의 흰 보자기가 눈에 뛰어 들어온다.

엇, 아부지, 죄송……!

당황스레 몸을 가리며 웅얼거리고 나니 기분이 야릇하다. 아부지, 내겐 참 얼마나 생경한 호칭인가. 흰 보자기를 향해 아부지, 운운 뇌까리는 내 모습은 또 얼마나 엽기적일 것인가. 어쨌든 '아부지'는 엊그제 오십년 전에 헤어졌던 막내딸집에 오셨고, 며느리 품에 안겨 태평양을 건널 때까지 잠시 우리 거실에 머무르시게 된다. 흰 보자기에 싸인 나무상자로 말이다.

아버지의 고향, 남쪽 바닷가 마을에 조선소가 생겼다. 조용하고 아름다운 굽이굽이 만마다 그 부속품 공장까지 들어서게 되었다. 야트막한 산모퉁이 아버지의 유택도 도로확장을 위해 이장해야 한다고 했다. 이참에 LA 공원 묘원에 계신 어머니에게 모셔가기로 의논이 되었다. 윤달 중으로 파장 날짜를 잡고, 때맞춰 다니러 나온 올케언니와 조카와 함께 내려가기로 했다.

인근 통영에서 하룻밤을 묵고, 아침 일찍 들이닥칠 인부들을 앞질러 마지막 성묘를 한다. 산소 위로는 이미 트랙터가 길을 내놓았고, 주변 잡목들이 마구 베어 넘겨져 입구를 찾아들기도 만만치 않다. 여느 때는 으레 마을 초입 꽃집에서 국화를 샀었으나, 이번엔 꽃 대신 돌아가며 술을 한잔씩 올린다. 그리곤 셋이 나란히 빗돌에 기대어 무연히 바다를 내려다본다.

언니랑 나는 삐삐를 뜯으며 금잔디 언덕에서 놀고 있었다. 손에 흰 종이쪽을 든 할아버지가 갑자기 우리 집에서 나와 고모네 쪽 고샅길로 허둥지둥 걸어가신다. 키가 크신 할아버지의 휘청거리는 뒷모습을 우리는 놀라 멀뚱 바라본다. 그때 파아란 보리밭 위를 빙빙 맴돌던 솔개 한 마리. 서울 계신 아버지가 돌아가셨단 전보가 날아든 날은 온 세상이 평화롭게 조을던 그런 봄날이었다.

휘날리는 만장과 꽃상여는 울긋불긋 화려하여 더욱 처연했다. 아름다운 상여가 석류나무 기웃이 내다보는 옆집 장호네 담장을 돌아갈 때, 마을 어느 어린 각시가 "세상에, 이렇게나 많은 만장은 처음 보요!", 철없이 탄복하던 것도 기억난다. 그때 나는 갓 네 살, 상여의 주인은 고작 마흔둘이었다.

긍정적이고 낙천적인 기질의 내 안에 숨어 있는 허무의식에 조용히 소스라칠 때가 있다. 소용돌이치는 여울목 한가운데로 뛰어 들어가 치열하게 무언가를 하고 있는 순간에도, 다음 순간엔 모든 것을 미련 없이 손에서 놓아버릴 수도 있을 것 같은 냉정함 혹은 초연함을 느낀다. 이 세상에 영원한 것은 아무것도 없으며 애당초 아무것도 내 것이 아니라는 인식은, 사회적 관계들은 물론 때론 남편이나 자식마저 타자의 눈으로 바라보게 하는 것 같다. 사랑하지 않는 것은 아니면서도 내 안의 이 서늘한 거리두기는 어쩐 일인가. 나는 왜 이리 애착심이 없는가, 맹목적인 헌신이 안 되는가, 묘한 죄책감마저 맛보게 된다. 어쩌면 나는 맺어지고 풀어지는 관계의 허망함을 아주 이른 나이 적부터도 무의식적으로 깨우쳤던 것일까. 피로 맺어진 관계에 대해서마저?

아버지 산소에 처음 와본 것은 초등학교 5학년 때였다. 엄마와 세 언니들과 처음으로 다 함께였다. 큰언니가 산소 옆에 엄마와 동생들을 죽 세워놓고 사진을 찍었는데, 겨울이었던가, 우리는 모두 어느 연애영화 속의 김지미처럼 머리에 보자기 같은 '마후라'를 하나씩 싸매고 있었다. 언니들은 슬펐는지 몰라도 나는 어쩐지 좀 맹숭맹숭했고, 그래 내가 몹시 나쁜 딸만 같아서 아버지께 죄송했다. 지금 여긴 아부지 산소야, 그러니까 난 슬퍼해야 해, 슬픈 얼굴이 어울리는 거라구. 고개를 푹 숙이고 진지하게 슬픈 표정을 지으려 애를 썼는데, 언니는 남의 속도 모르고 자꾸 고개를 들어라, 얼굴을 펴라, 야단을 쳤다.

*

느그 아부지 장례 땐 나도 다 봤재. 객사라 화장 안 했나.

시골 살아도 파장 장면은 한 번도 본 적이 없다면서 친척 아재는 우리를 따라 나섰다. 원래는 아재 집에서 기다리다 유골함만 전달받기로 했었으나, 문득 현장을 직접 지켜보고 싶어졌던 것이다. 다시 올라가보니 인부들은 어느새 네모반듯하게 봉분을 파내고 구덩이의 흙을 퍼올리고 있다. 흙은 고슬고슬 때깔 좋은 황토인데, 희끗희끗한 흙알갱이와 손가락만한 마른 나뭇가지 같은 것들이 잔뜩 뒤섞여 있었다. 인부가 나뭇가지를 하나 집어 내게 건네며 이게 뼈요, 했다.

여기 희끗희끗한 것들도 다 뼛가루요. 내 수많은 묘를 파봤지만 애기 때 돌아가신 아배 유골을 오십년 뒤에 막내딸이 와서 손으로 만져가며 수습하는 경우는 처음 보요. 아암, 참 있기 힘든 일이재.

파장을 위해 달려오긴 했으나, 나야말로 아버지의 유골과 맞닥뜨릴 거라곤 전혀 예상 못했다. 지금쯤은 백골이 모두 진토되어 어디가 뼛가루고 어디가 흙인지 구별도 무의미할 터, 그저 봉분 속의 흙 한줌을 상징적으로 어머니께 가져가서 함께 묻어드리는 것이려니 막연히 생각하고 있었다.

맨손으로 흙무더기를 헤집으며 나뭇가지와 희끗한 알갱이들을 골라내는 기분이란 참으로 묘한 것이었다. 이럴 때는 무서워하거나 아니면 아련한 슬픔에 눈물이라도 빠짓이 배어나와야 마땅한 게 아닐까도 싶었다. 특히 인부가 개중 큰 뼛조각 두 개를 골라 들어 이리저리 각을 맞춰보더니 이건 턱뼈로군, 하며 해골, 그야말로 해골 모양을 드러내 보여줄 때는 더욱 그러했다. 그러나 나는 여전히 전혀 무섭지도 슬프지도 않았다. 오히려 이상하도록 담담하기만 했다. 아니, 그저 모든 것이 아아, 아득하다! 싶은 심정이라고나 할까.

느그 아부지, 참 난 인물이었는데…….

아재가 잇고 싶은 말을 나는 이미 수없이 들어서 잘 알고 있다. 연전에 칠순을 겨우겨우 넘기고 돌아가신 오빠는 내가 아버지보다 스무 해를 더 살았구나, 이제 서른 해 가까이나 더 살았구나, 하는 식으로 헤아리길 좋아했었다. 병석의 오빠는 때때로 불쑥 바다 건너의 내게 전화를 걸어 주문하곤 했다. 막내고모, 고모는 글 쓰는 사람이니까 언제고 꼭 울아버지 얘기 좀 써봐라…….

그러곤 내가 태어나기도 전의 아득한 가족사를 다시 한번 더듬으면서, 아버지가 가사를 지었다는, 그리고 지금껏 그대로 불리운다는 고향 인근 초중고교들의 교가를 송화기에 대고 차례차례 불러 보이던 것이다.

아버지는 고향 마을 출신 일본 유학생 제 1호의 인텔리였다. 육척의 훤칠한 풍모에 인품 좋고 덕망 높은 선각자였다던가. 대처에 나갔던 아버지가 고향집에 다녀갈 때면 그 선골을 훔쳐보려는 여인네들의 쪽진 머리통이 담장 위로 나타났다 숨었다

바빴더라지. 학교를 세우는 거였는지 회사를 차리는 거였는지 동분서주하다가 어느 봄밤 호텔 회동 끝에 급사하셨다는데, 당시 스물서넛 군인이던 오빠가 넋이 빠진 채 시신을 업어다 택시에 실어 집에 모셔올 때의 얘기는 또 얼마나 소설처럼 기막히던가.

여태까지도 우리는 만약 그때 아버지가 그렇게 허망하게 돌아가시지만 않았더라도, 하며 한숨을 쉬고 애통해 하지만 막내인 내게는 이 모두가 줄곧 가뭇없는 추상일 따름이었다. 내게 고작 몇 커트 남아 있는 아버지의 잔상이란 펜대가 꽂힌 유리 잉크병과, 어린 내 손에 쥐어주시던 작은 밀감의 차가운 감촉과, 딸들에게 가르쳐주신 '나가자/ 동무들아/ 어깨를 겯고……' 하는 노래와, 엄마는 옥 선생이란 의사에게 왕진을 청하러 달려가고 아부지는 가슴을 틀어쥐고 신음하는데 나 혼자 변소에 갔다 빠지던 세 살 무렵의 초여름 밤, 바깥 덤불숲에서 미욱스레 맹-꽁 맹-꽁 울어대던 맹꽁이 소리……, 정도가 고작이었다.

내가 알지 못했던 아버지를 비로소 느끼게 되는 것은 오히려 남의 시구나 글귀 속에서 다감하고 낭만적인 아버지상을 만날 때였다. 서울 다녀오실 때면 딸들에게 금박으로 일일이 '방산국교 최○희'라는 이름을 새긴 백두산 연필을 각자 한 다스씩이나 사다주고, 모두들 무명 치마저고리를 입던 시절, 꽃무늬 포플린를 끊어와 엄마로 하여금 딸들에게 원피스와 모자를 만들어 입히게 했던 아버지는 무척이나 자상한 분이었던 듯하다. 그래 누군가의 글에서 초경을 한 딸에게 "이제 깃이 돋아나니 머지않아 날아가겠구나" 하며 애틋하게 바라보는 아버지나, "—너희들에게 집을 지어주마", 호기롭게 말하고는 '뼈도 살도 훤히 비치는' 비닐로 네 벽을 세워 근근이 식구들을 들일 허울만의 둥지를 짓고는 이제 "—자, 꽃을 들여놓자!" 하며 환하게 웃는 대책없이 낭만적인 아버지에 대한 시를 읽는 순간, 내 안에 작은 촛불이 켜지듯 가슴이 그늑해지면서 정말이지 '나'의 아버지는 어떤 분이었는지가 불현듯 궁금해지던 것이다.

우리는 나뭇가지처럼 생긴 큰 조각들은 물론이고 자잘한 알갱이들까지 남김없이 정성껏 골라 담았다. 유월 햇살은 청명하고 저 아래 아침 바다는 희게 빛났으며, 이토록 담담할 수 있다니 혹시 이게 무의식적으로라도 과장된 포즈가 아닐까도 싶긴 했으나, 내 안에서 산 자와 죽은 자의 경계가 완전히 허물어져버리는 듯한 초연함이 나는 마음에 들었다.

*

가장도 출장 가고 없는 빈 집에 상자를 안고 들어서긴 했으나, 어디에 어떻게 내려놔야 할지 알 수가 없었다. 당혹스런 순간이었다. 실은 그때까지 내 관심은 파장 순서와 올케언니가 모시고 떠나는 두 단계에만 집중되어 있어서 그 중간과정에 대한 대비는 전혀 되어 있지 않았다. 방에 모시면 구석에 처박는 느낌이라 안 될 일 같고, 외국소설 속에선 거실 벽난로 위 높직한 선반에 올려두던데 우리집에 벽난로가 있을 리 없다. 상자를 안은 채 어찌할 바를 모르다가 그나마 좀 높은 위치인 거실 이층장 위에 안치했던 것이다.

이제 황급히 옷을 입고 거실 한가운데 선 나는 새삼스레 실내를 휘둘러보았다. 만약 아버지가 살아서 딸네 집에 오신 거라면 어디로 모실까? 그건 당연히 크고 편안한 창가 안락의자일 터였다.

여기 앉으세요, 아부지.

나는 상자를 안락의자 위에 옮겨놓았다. 왜 진작 저 자리를 생각 못 했을까, 비로소 마음이 놓였다. 머리를 말리는 사이사이 거실로 나가 괜히 말을 걸어보았다.

거기가 마음에 드세요, 아부지? 창밖 풍경도 좀 내다보세요.

그런데 조금 있자 이젠 흰 보자기가 마음에 걸리기 시작했다. 오늘 저녁엔 가장이 출장에서 돌아올 텐데, 나야 내 아부지니까 아무렇지 않다지만 핏줄이 아닌 그의 마음은 좀 꺼림할 수도 있지 않을까.

안방 반닫이에서 연두색 명주 보자기를 꺼내왔다.

아부지, 옷 갈아 입혀 드릴게요. 지난달 아부지 손녀 결혼식 때 만든 거예요. 참 곱지 않나요?

중얼중얼 안락의자에 연두색 보자기를 앉히고 나니 이제 비로소 모든 것이 편안하게 자리를 잡은 것 같다. 다만 한 가지, 어째 사위가 너무 조용한 게 마음에 걸린다.

음악 틀어드릴까요, 아부지?

아버지에게 어울릴 것 같은, 이를테면 오페라 ≪마르타≫에 나오는 〈꿈과 같이〉나 토셀리의 세레나데, 혹은 언니의 기억 속의 〈꽃의 왈츠〉가 들어 있는 시디를 찾아 이리저리 뒤져본다. 서너 살배기 어린 내가 실제로 본 장면인지 아니면 내 부풀어 오른 상상이 멋대로 만들어낸 장면인지 알 수 없으나, 아부지는 마루 끝에 서서 '꿈같이 사라진/ 아름다운 님이여!' 혹은 '사랑의 노래 들려온다/ 옛날을 말하는가/ 기쁜 우리 젊은 날……' 같은 노래를 부르고 있었다. 그 위에 언니의 〈꽃의 왈츠〉가 있다.

언젠가 큰언니는 네댓 살 때 아버지 손에 이끌려 가서 본 ≪호두까기 인형≫이야기를 했다. 아마도 읍내에 지방 순회 오페라나 악극단이 들어왔던 것 아니었나 싶은데, 그토록 환상적이고 매혹적인 구경은 난생 처음이더라 했다. 젊은 아버지의 목마를 타고 그때는 물론 곡명도 몰랐지만 화려한 피날레 춤곡인 〈꽃의 왈츠〉의 여운을 음미하며 꿈꾸는 기분으로 집에 돌아와 보니 할머니가 시골집에서 다니러와 계셨다. 당시 아버지는 읍내의 고교에 재직 중이어서 분가해 살고 있었는데, 갈치를 사들고 아들네 집에 들여다보러 왔다가 빈 집에서 내도록 기다렸던 할머니는 아들 손자 며느리가 상기된 얼굴로 화기

애애 들어서는 것을 보는 순간, 노발대발 갈치 꾸러미를 땅바닥에 패대기쳤다. 살아 구불거리는 은빛 허리띠 같은 갈치와, 격노한 할머니의 얼굴과, 어쩔 줄 몰라하는 젊은 엄마 아버지의 모습과……. 영화처럼 돌연히 전환된 장면은 어린 언니의 뇌리에 방금 보고 온 꿈결 같은 이미지와 극과 극의 강렬하고 드라마틱한 대비를 이루며 콱! 틀어가 박혔는데, 나는 그런 찬연하고도 치명적인 파국과 반전의 순간을 오롯하니 자기만의 기억으로 간직한 언니가 부럽기 그지없었다.

아버지의 노래를 뒤지던 나는 문득 생각이 나서 차라리 새로 산 마이클 잭슨 시디를 틀기로 한다. 나는 중얼중얼 아부지에게 고한다.

아부지, 이 사람, 엊그제 아부지 모셔오던 날 죽었대요. 살았을 땐 그저 막연한 연민뿐 별 관심도 없었는데, 죽고 나니 모든 게 가엾고 불쌍하고 그의 노래가 더 좋아져요. 들어보실래요?

오랫동안 나는 손에 이글거리는 숯덩이를 든 채 엇 뜨거, 엇 뜨거, 버둥거리는 세월을 살아왔다. 야멸차게 내려놔 버리기엔 오기가 나고 계속 들고 있기엔 너무 힘겨운 시간들이었다. 그런데 언제부턴가 더 이상 괴롭지 않아 손을 들여다보니 그 벌겋던 잉걸불이 저절로 식어 있었다. 과연, 시간이 세상 모든 것의 주인이었다. 이 세상에 이해할 수 없는 일들이 점점 더 없어지고, 원치 않아도 역지사지가 한결 더 쉬워지며, 또

저 길 끝까지 다 걸어가 보지 않아도 소실점 너머에 무엇이 있는지, 아니, 없는지가 훤히 다 내다보이게 되는 것. 그 궁극은 아마도 연두색 보자기의 나무상자와 마주 앉아 아무렇지도 않게 먹고 마시고 음악을 들으며 주절주절 이야기를 나누는 지점이 아닐는지.

나는 그렇게 소파 내 자리에 앉아 물끄러미 보자기를 바라보다가, 자꾸 아부지, 아부지, 해보는 내 짓거리에 씨익 웃다가, 다시 보자기를 바라보다가, 내 짓거리에 씨익 웃다가 했다. 온 집안이 내가 잘 몰랐던 죽은 이들의 존재감으로 온전히, 그득 채워지는 듯한 느낌이 따스하고 뿌듯했다. 하마 나도 이제 '왜 사냐건, 웃지요'의 시간에 많이 가까워진 것일까…….

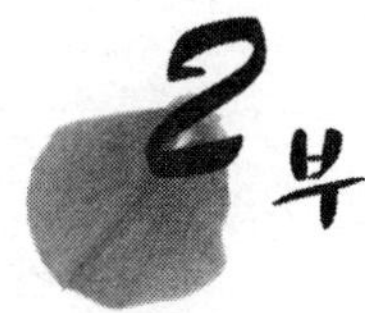

# 2부

피크닉

만추

카밀라와 다이아나

오래된 골목

그 집은 그곳에 없다

# 피크닉

아름답고 젊은 부부가 있었다. 두 사람은 서로 사랑했고, 주말이면 함께 장도 보고 서점에도 갔다. 때로는 나란히 자전거를 달려 들을 지나 숲으로 피크닉을 가기도 했다. 서로의 무릎을 베고 누워 시집을 읽고, 낮잠에 든 상대방의 이마에 흘러내린 머리가닥을 쓸어 넘겨주며 함께 있는 정일한 시간을 즐겼다. 기우는 하오의 햇살에 자전거 바퀴살을 하얗게 반짝이며 들판을 달려 돌아오는 그들의 모습은, 그대로 액자에 넣어 '사랑' 혹은 '행복'이라는 제목을 붙일만했다.

그러다 아내가 병에 걸렸다. 남편은 극진히 간호했으나 아내는 끝내 세상을 뜨고 말았다. 젊은 남편은 깊은 슬픔에 잠겼지만, 그리 오래가지는 않았다. 얼마 후 그는 새로운 여인을 만났고, 주말이면 새 아내와 함께 장도 보고 서점에도 가게 되었다. 또 때로는 나란히 자전거를 달려 들을 지나 숲으로 피크닉도 갔다. 그들은 서로의 무릎을 베고 누워 시집을 읽었고, 낮잠에 든 상대방의 이마에 흘러내린 머리가닥을 쓸어 넘겨주며 함께 있는 정일한 시간을 즐겼다. 기우는 하오의 햇살에 자전거 바퀴살을 하얗게 반짝이며 들판을 달려 돌아오는 그들의 모습, 또한, 그대로 액자에 넣어 '사랑' 혹은 '행복'이라는 제목을 붙일만했다.

그 남자가 케이에게 오래 전에 본 프랑스영화 이야기를 들려준 것은 어느 한적한 교외 산자락에서였다. 봄이었고, 두 사람은 그때 산비탈로 난 오솔길을 걷고 있었다. 인적 없는 오솔길엔 웃자란 풀이 무성했는데, 얼마 전에 트럭이라도 지나간 듯 풀밭 위로 두 줄기 굵은 바퀴자국이 나 있었다. 어느 순간 뻐꾸기와 멧비둘기가 갈마들며 울었다. 두 사람은 고즈넉한 한낮의 산새 울음소리에 잠시 걸음을 멈추고 귀를 기울였다. 숲가 풀밭이 연상시킨 것일까. 그는 프랑스문화원에서 보았다는 것 뿐, 제목도 배우도 기억나지 않는 이 영화 얘기를 했다. 그리고 영화 속 장면 장면은 케이의 마음속에 '피크닉'이란 제목을 달고 들어와 박혔다.

두 번째 아내와의 일상을 화면으로 따라가는 일은, 젊은 관객이던 그에겐 마치 한권의 책을 반으로 딱 접어 처음부터 한 글자 한 글자 다시 읽는 것과도 같았다. 저 남편에게는 어떻게 모든 과정이 저토록 심상하고 자연스러울 수가 있을까. 아니, 감독은 서로 다른 두 여인과의 하나인 듯 반복되는 삶을, 무심한 풍경을 묵묵히 카메라에 담듯 어쩌면 저리 무연히 그려 보일 수 있을까. 예술가인 그는 그때 둔탁한 충격과 함께 "맞아, 인생이란…… 저런 것이다." 하는 서늘한 전율을 맛보았다. 이제 영화 속의 풀밭을 연상시키는 어느 산자락 오솔길에 서서, 그는 훌륭한 문학작품이란 '인생은 바로 저런 것이다' 하는 전율과 탄식을 독자에게 자아내는 작품일 거라고 혼잣말처럼 중얼거리는 것이었다.

그들은 그날 처음으로 함께 산길을 걷는 참이었다. 그는 산길을 걸으며 사색하고 작품 구상하기를 좋아했고, 케이 또한 혼자 걷는 산길의 적요와 자유를 사랑했다. 멀리 떨어진 다른 두 산자락을 따로따로 걸으며 제가끔 자기 산길 자랑을 하던 어느 날, 그가 자신의 산길을 함께 걷자고 초대해 왔다. 케이는 잠깐 망설이다 흔연한 체 응했다. 망설인 것은 호젓한 산길을 남자와 단둘이 걷는 일이 온당한가 하는 자기 검열 때문이었을 테고, 흔연한 체 응한 것은 그런 자기 검열 자체가 우습고 미안할 만큼 그와는 이미 꼭 이만큼의 거리에서 인생을 나란히 걸어갈 좋은 친구로 안전하게 자리매김 되었다고 믿고 싶은 마음 때문이었을 터이다.

야트막한 능선을 오르며 두 사람은 각자의 일과 앞날의 계획들, 가족과 주변 사람들과 최근의 짧은 여행들, 지난 세월 속의 작은 삽화들의 얘기를 나누었다. 나아가 마음의 금선琴線이 서로 무람없고 친밀한 공명을 불러일으킨 어느 순간에 이르러선, 철없던 시절의 어긋난 사랑이나 광기 어린 연애의 끝에 대해서도 옛날영화 얘기인 양 담담하게 웃으며 열어 보이기도 했다.

다만 한 가지, 그들은 언젠가 주고받은 '전과前過'니 '자장磁場'이니 하는 말 언저리로는 다가가기를 삼갔다.

그 일년 전 봄이었을 것이다. 그는 케이에게 진작부터 이쪽을 향해 벋어나기 시작하여 더 이상 주체할 수 없어진 특별한 감정을 털어놓았다. 남녀의 경계를 넘어 그에게서 모처럼 마음 잘 통하고 편안한 친구를 찾았다고 믿은 케이에겐 당혹스런 고백이었다. 묵묵히 다 듣고 난 케이가 그때 화난 듯 냉소적으로 내뱉은 말은, 자신에겐 아픈 전과가 있고 그 아픈 사랑은 아마도 영원히 현재진행형일 것이며, 무엇보다 그런 내밀하고 고통스런 경험은 일생에 단 한번으로도 이미 너무 많다는 것이었다.

나아가 그녀는 그 '전과'의 내역을 몇 마디 부연 설명했는데, 그것은 '사랑, 배반, 열창裂瘡, 빈사상태, 그럼에도 불구하고, 하염없이, 책임감, 의리, 운명, 초월' 같은 무거운 단어들이 힘겹게 나열된 문장들이었다. 통역하자면, 그녀는 그 무렵 혹독한 시간의 단련을 거쳐 운명이라 항복한 지도 오래인 질기고 독한 사랑에 더없이 잔인한 형태로 배반을 당했고, 그 충격으로 아직도 그로기 상태에 있긴 하나 그런 종류의 배반행위는 어차피 불가피한 것이었으며. 서로에 대한 본질적 사랑 자체는 그럼에도 항상 불변이고 서로 끝까지 이 사랑을 안고 갈 것인즉, 다른 어느 누구와 새로운 인연을 시작한다는 것은 가능하지도 또 그럴 기력도 욕망도 없다는 요지였다. 이를테면 케이는 세상이 변하고 상황이 변해도 자신만은 끝까지 변하지 않아 남들과 차별되기를 꿈꾸는 순정하고 고집스런 몽상가였고 그 상대 역시도 사랑에 관한 한 일종의 니체적 초인주의자랄까 영웅주의자여서, 서로 소설이나 영화 속으로 걸어 들어가 불멸의 초월적 사랑을 구현해내려는 자존심으로 굳게 뭉친 비현실적으로 진지한 부류들이었던 것이다.

어쨌든, 케이가 그때 왜 굳이 파스칼 키냐르의 소설 제목 같은 '은밀한 생'의 일단을 그에게 확 들춰보였는지는 짐작하기 어렵지 않다. 한 인간으로 아끼고 존중하는 그가 이성으로 다가오는 것을 차단함과 동시에, 종전의 귀한 우정을 훼손시키는 관계로의 발전 아니 후퇴는 절대 원치 않는다는 선언이었을 것이다. 그 우정을 귀히 여기는 만큼 그에게 자신의 정직한 이면을 알려주는 것이 공정하며, 이제 그녀의 실체에 실망한 남자가 우정마저도 거둬들이고 달아날지 어떨지를 지켜보리란 냉소 어린 승부수를 던진 셈이었다.

뜻밖의 토로에 말문이 막힌 것일까. 그는 오랫동안 침묵했다. 마침내 입을 연 그는 "……그건……자장의 문제겠지요……."라고 딱 한마디를 했다. 자장, 자장이라……. 그런 대화가 오갔다는 것도 짐짓 잊은 체하며 우정을 위한 거리를 깍듯이 지켜나가는 지금 이 순간에조차, 케이는 자신이 무슨 범죄행위나 고백하듯 내뱉은 '전과'라는 말의 자조적인 어감과 '자장'을 말하던 남자의 진중한 어조를 잊은 적이 없었다.

가파른 오르막에 이르렀을 때, 손을 잡아주려 하면 어쩌나 싶었으나 그는 그러지 않았다. 때로 언뜻언뜻 얼비치는 연분홍빛에도 불구하고 케이가 그와는 아마도 이상적인 이성친구로 오래오래 나란히 걸어갈 수 있겠다고 안심하는 것도 바로 그의 이런 면모 덕분이었다.

내려오는 길에도 다시 그 풀밭을 지났다. 긴 오솔길을 거의 다 걸어 내려오고 차오르는 줄도 몰랐던 긴장감에서 놓여난 케이가 막 가만한 한숨을 내쉴 때였다. 그가 우뚝 걸음을 멈추더니 그녀의 손을 1,2초쯤 꽉 잡았다 놓으며 말했다. 오늘 와주어서 참 기쁘고 즐거웠노라고 말이다. 두 사람은 더 이상 아무 얘기도 나누지 않고 계속 걸어갔지만, 케이의 가슴은 옷 속에 싸모바르라도 품은 듯 미덥고 따스해져왔다. 숯불처럼 이글거리는 열정만 보아온 그녀에겐 지극히 사소하고 낯설면서도 이상스레 위로가 되는 몸짓이었다. 그는 언제 어느 때부터 완강한 그녀의 마음속에 다른 빛깔을 입고 스며들기 시작한 걸까. 나중에 곰곰 되짚어 볼 때마다 케이의 눈앞에는 그 산자락의 오솔길이 롱테이크로 아련히 떠오르고, "그건……자장의 문제겠지요……."라고 하던 언젠가의 진중한 말투가 되살아나곤 하였다.

그 해 십일월의 한 쌀쌀한 저녁 무렵이었다. 중심상가에 나가려고 엘리베이터를 기다리던 케이는 안에 위층의 멋쟁이 노신사가 타고 있는 것을 보았다. 육십대 중후반쯤 되었을까. 말쑥하고 세련된 용모의 은발 노신사에게 케이는 평소 호감을 품고 있었는데, 그건 자신보다 훨씬 늙어 보이는 아내와 항상 손을 잡고 다니는 모습이 흐뭇한 미소를 자아내는 때문이었다. 아내가 세상을 뜬 것일까, 아니면 이혼을 한 것일까. 한동안 혼자 다니던 신사는 여름 무렵부터 낯선 오십대 여인과 같이 다니기 시작했고, 케이는 사람만 바뀌었을 뿐 새 여자와도 천연스레 정답게 손을 잡고 다니는 신사에게 이젠 알 수 없는 적의마저 느끼고 있었다.

눈인사도 하지 않고 뻿뻿이 외면하다 내려온 케이는 상가 쪽으로 방향을 잡아 걸었다. 네거리에 이르렀을 때, 그녀는 습관처럼 맞은편 맥도날드 건물의 간판들을 올려다보았다. 맥도날드 바로 위층엔 각종 개인병원들이 세 들어 있고, 그 위엔 찜질방, 그 위엔 모텔, 또 그 위 맨 꼭대기 층엔 호프집이 들어 있었다. 전날 오후 도시의 저쪽 끝에서 찾아와 이쪽 산길을 함께 걷고 함께 저녁을 먹은 남자는, 시간이 늦어지고 갈 길이 너무 멀어지자 차라리 자고 가야겠다고 했다. 어디 모텔 같은 게 없겠냐는 그에게 케이는 맥도날드 위의 간판을 가리켰고,

남자는 “그럼 또…….” 하고 고개를 끄덕이더니 성큼성큼 길을 건너가 사라졌다. 그 모습을 지켜보는 케이에게 또 한 남자의 뒷모습이 떠올랐다. 언젠가 먼 도시에서 달려온 또 다른 남자 역시도 밤늦어 차가 끊기자 바로 그 모텔에서 홀로 하룻밤을 묵고 떠났던 것이다. 모든 정황에도 불구하고 그녀만은 변함없이 그 자리에 있어달라고, 그렇지 않으면 자신은 살 수 없다고 열렬히 말하는 남자에게 피식, 기운 없이 웃으며 그러겠노라 약속한 밤이었다.

“아!” 하는 주위의 탄성에 케이는 문득 정신을 차렸다. 사람들의 시선을 따라가 보니, 집을 잃은 듯 커다란 잿빛 복슬개 한 마리가 차량들의 흐름을 거슬러 맥도날드 앞 차도를 거꾸로 터벅터벅 걸어가고 있었다. 얼마나 먼 길을 걸어온 것일까. 먼지투성이 개는 온몸에 진흙이 엉겨 붙은 채 나달나달 해진 목줄을 질질 끌며 묵묵히, 느릿느릿, 그러나 어떤 오연한 결기에 차서 한 걸음 한 걸음 고집스레 걸음을 옮겨놓는 것이었다. 늦가을의 스산한 풍경을 더욱 시리고 스산하게 만드는 정경이었다. 길을 건너는 것도 잊고 일제히 고개를 돌려 바라보던 행인들은 심장을 찔리기라도 한 듯 저마다 부지중 가슴께에 손을 얹었다.

그때 네거리에 서서 물끄러미 그 광경을 지켜보던 케이가 난데없이 눈물을 주르르 흘리기 시작했다. 오래도록 억누르고 있었던 듯, 한번 흐르기 시작한 눈물은 그야말로 둑이라도 터진 듯 걷잡을 수가 없었다. 개를 바라보던 행인들은 이제 장바구니를 든 채 울고 선 여자를 수상쩍게 힐끔거렸고, 방금 신호등이 바뀐 것을 깨닫자 허둥지둥 횡단보도에 뛰어들어 연신 뒤를 돌아보며 건너갔다. 그 중에는 엘리베이터를 함께 타고 내려온 노신사도 있었다.

케이는 왜 눈물을 흘리게 되었을까. 자신이 줄곧 또 하나의 '피크닉'을 찍고 있었음을 비로소 깨달은 탓이었을까. 나아가, 사람들은 저도 모르는 새 서로서로에게 "인생은……바로 저런 것이다……."는 한숨과 탄식을 자아내는 삶을 살고 있음을 새삼스레 인식하게 된 것일까. 그녀가 울음을 그치기를 기다려 굳이 물어본다면, 아마도 원래는 흰색이었을 터이나 이제 잿빛으로 더러워진 지도 오래인 복슬개의 뒷다리 근육이 이쪽저쪽 번갈아 씰룩이는 모습이 그녀에게 어떤 깊디깊고 원초적인 슬픔을 자아냈노라고 대답하는 것이 고작일지도 모른다.

상가로 가려던 발길을 틀어 케이는 길 건너 공원으로 들어갔다. 거기 가랑잎이 이리저리 구르는 떡갈나무 벤치에 앉아 그녀는 몇 년 만에 오래오래 마음 놓고 울었다. 언젠가 열정적인 한 남자가 아, 입맞춤하기 좋은 곳! 하며 철없이 보채던 곳이었고, 또 한 남자와는 서로 앉고 선 채 오래도록 무언가에 대해 이야기를 나누던 곳이었다. 그러는 사이 밤이 내렸고, 성근 나뭇가지 사이로는 획이 몇 군데 떨어져 나간 해피 모텔의 간판이 하니, 하니, 하며 깜박이기 시작했다. 이윽고 몸속의 눈물을 다 비워내고 가벼워진 그녀는 코를 풀고 매무새를 가다듬은 다음, 아무 일도 없었다는 듯이 장바구니를 집어 들었다.

그녀의 '피크닉'이 그 후로도 이어졌는지, 누구와 어떤 식으로 이어졌는지는 알 수 없는 일이다. 다만 그녀가 이젠 어깨에서 조금 힘을 빼고 사랑도 인생도 조금은 덜 진지하게 대하게 되었기를 바래볼 따름이다.

한 가지 짐작할 수 있는 것은, 그날 그 네거리에 서 있던 동네 사람 몇몇은 차도를 거꾸로 거슬러 하염없이 터벅터벅 걸어가던 집 잃은 복슬개와 그 광경에 눈물을 줄줄 흘리고 섰던 우습도록 감상적인 여자 얘기를 저녁 반찬 삼아 식탁 위에 늘어놓았으리란 사실뿐이다.

# 만추

돌아갈 날이 모레로 다가온 11월의 하오였다. 남은 일정을 체크하던 언니가 문득 눈을 빛내며 나를 바라보았다.

"얘, 나……, A씨 한번 찾아볼까?"

아, 그래, A 아저씨가 있었지…….

언니는 어느새 114 안내원에게 A라는 변호사 이름으로 등록된 법률회사 번호를 묻고 있었다. 전화는 그의 비서와, 이어 그와 곧 연결이 되었다. D일보 기자를 거쳐 한때 판사로 그리고 이제 변호사로 일하는 아무개님이 맞는지, 그렇다면 혹시 칠십 몇 년도에 미국으로 떠났던 아무개란 사람을 기억하시는지 등등의 정중한 문답을 지나 "아!" "오!" 하는 소녀 같은 탄성과 달뜬 웃음소리가 이어졌다. 출국 전날, 그러니까 바로 그 이튿날로 저녁 약속이 되었다. 데려다만 주고 갈 게 아니라

나도 함께 앉아 차라도 하자고 했다.

언니가 결혼과 함께 처음 미국으로 떠난 것은 칠십년 대 초였다. 십여 년을 살다 한국으로 돌아와 또 십여 년을 살다가 다시 돌아간 것이 4년 전. 직장 일로 잠시 출장을 나오면서, 혹시 시간이 나고 기분이 내킨다면 떠나기 직전 즉흥적으로 한번 수소문해보리라고 마음먹었던 모양이다.

왜 십여 년씩 한국에 사는 동안에는 이런 만남을 시도하지 않았을까? 그 대답은 간명했다. 그때는 아직은 젊었고, 또 지리적인 가까움이 혹여 괜한 오해를 부를세라 오히려 부담스러웠다는 것이다. 어쩌다 텔레비전에 얼굴이 비칠 때면 '아, 판사가 되었구나.' 혹은 '아, 지금은 변호사인가 보다.' 하며 근황을 짐작하는 것으로 만족했다.

늘씬한 멋쟁이였던 언니의 이십대는 화려했다. 먼 곳에서 나타난 기사와 결혼하여 돌연 이 땅을 떠났을 때, 닭 쫓던 개 지붕 쳐다보듯 허탈해한 신사들도 많았을 것이다. 그 중 언니 쪽에서도 좋아한 사람은 그러나, 아마 A씨 정도가 아니었을까 싶다. 그 긴 세월을 지나 지금껏 애틋하게 남은 이름이니 적어도 몇 년은 사귄 인연인가 했는데, 이번에 처음 물어보니 통틀어 반년 남짓이 전부였던가 보다. 매주 수요일과 토요일, 광화문의 한 찻집에서 만났는데, 마지막 만나던 수요일, 평소와는 달리 그가 그럼 토요일에 만나요, 라는 말을 하지 않았다. 그저 잊고 안한 것이 아니었을까? 그러나 자존심 상한 처녀는 그에게 물어볼 수도, 당연한 듯 그 찻집에 나가 앉아있을 수도 없었다. 영문을 알 리 없는 청년은 영영 나타나지 않는 처녀의 심중을 이리저리 짚어보다, 당시 자신의 암담한 처지에 모든 탓을 돌리며 그냥 가만 있어버렸던 듯하다.

두어 해가 흘러 미국으로 떠나기 며칠 전, 처녀는 처음으로 제 쪽에서 연락하여 그를 만났다. 처녀와 작별한 바로 그날 청년은 훗날 아내가 된 여인을 만나게 되는데, 그녀에게 건넨 그의 첫말이 "오늘 나는 사랑하는 사람을 멀리 떠나보냈습니다."라는 비장한 대사였다는 얘기를 나중에 들은 적이 있다.

나는 몇 걸음 늦게 들어가 30년만의 재회 장면을 부러 놓쳤다. 어색할 줄 알았는데, 그 자리에 내가 끼어든 것이 의외로 무람없이 여겨졌다. 진회색 정장에 붉은색 타이의 A 아저씨는 젊은 날보다 훨씬 더 말쑥하고 중후한 신사가 되어 있었다. 도수 높은 안경알도 조금은 덜 어리어리해 보이고, 그 너머의 눈빛도 내 기억속의 것보다는 한결 부드러워 보였다. 딸만 둘 두었고 함께 얘기를 많이 나눈다는 그에게, 각각 동갑의 딸을 둔 나는 친근함을 느꼈다.

오래 전, 나도 그를 모두 세 차롄가 보았었다. 두 번째는 그는 해직기자가 되어 동료들과 광화문 사옥 앞에서 침묵시위를 하고 있었고, 일년쯤 지나 세 번째엔 신혼의 아내와 동대문 시장 구경을 나왔다가 나와 마주쳤다.

언니가 그에게 나를 처음 소개한 것은 고1 때였다. 신문기자를 꿈꾸는 문학소녀 막내동생에게 학보사 편집장 출신의 명민한 사회부 기자가 뭔가 도움이 되리라고 생각했던가 보다. 일러주는 대로 나는 광화문 크라운 제과로 혼자 나가 그를 만났다. 수필도 쓰고 기자도 되고 싶다는 열여섯 살짜리에게 그는 그 어리어리한 안경 너머에서 그래, 네가 생각하는 수필이란 어떤 글이냐고 시니컬하게 웃으며 물었는데, 나는 거기서부터 이미 당황하여 중언부언하기 시작했다. 당시 내가 막연히 생각하던 차원의 수필이란 현실에서 유리된 채 한낱 등 따시고 배부른 이들의 고상한 언어유희에 지나지 않는다는 깨달음이, 그가 미처 뭐라 하기도 전에 비수처럼 아프게 나를 찔렀던 것이다.

이제 나이 먹어 비윗살 좋아진 나는 언니가 궁금해 할 법한 것들을 대신 묻고 있었다. 그땐 어떻게 해서 헤어지게 된 것인지, 아직도 간간이 글을 쓰는지, 이 순간의 기분은 어떤지 등등. 그건……, 당시 아버지는 말기 위암으로 오늘내일 하셨고, 가난한 집안에 손등에 때가 꼬질꼬질한 동생들이 줄줄이였으니 붙잡을 수가 없었지요. 글? 아, 내가 언제 글을 쓰기도 했던가!

이어 그는 푸시킨이었던가, 젊은 날에 읽은 누군가의 글귀를 떠올렸다. 바닷가 절벽에 밀려온 파도가 오랜 세월을 두고 시간의 무늬를 그리는데, 우리 삶의 문양도 그와 같지 않더냐는 얘기였다. 나중에 언니는 그런 얘기를 그런 식으로 표현할 줄 아는 그가 마음에 든다고, 그러나 내겐 너무 지적이고 날카로운 모습으로 남아 있는 예전의 그가 언니에겐 훨씬 더 멋있었다며 아쉬워했다. 그도 그저 세속적인 성공을 거둔 평범한 보통남자로 살아가는가 싶은 실망감. 고향에 돌아왔으나 그리던 고향이 변해버린 듯한, 더 이상 그리워하고 애틋해 할 대상이 없어져버린 듯한 허전함 같은 것.

그러나 예서 무엇을 더 바라랴. 변두리 호텔 커피숍은 한산했고, 품위 있게 나이 먹어가는 두 중년의 모습은 십여 년쯤 전에 만나졌더라면 남아 있었을지 모를 핑크빛이 거의 탈색되어 내겐 그 담담함이 보기 좋았다.

그들을 거기 남겨두고 나와 이리저리 낙엽이 쓸리는 주차장을 걸어갔다. 11월의 저녁 바람이 코트 깃을 파고들고, 발밑에선 마른 플라타너스 잎들이 파슥거리며 부서졌다. 막 차에 앉아 시동을 거는데, 예기치 못한 뜨거운 무엇이 목울대로 울컥 치밀어 올랐다. 그대로 운전대에 엎드려 나는 조금 울었다.

십여 년 전 한국에 갓 돌아왔을 때, 나도 옛사랑과 한 계절에 한번쯤 몇 계절을 만난 적이 있다. 그는 그때 서울까지 다섯 시간이 걸리는 저 먼 남쪽 끝에 살았는데, 나는 어디 가서 마주 앉기라도 하면 큰일 나는 줄 알고 차도 한잔 대접할 줄 모른 채 내려 보내곤 했다. 두 사람이 한 거라곤 예전에 함께 걷던 길을 이제는 차로 되짚어 돌아보는 것이 고작이었다.

그러던 어느 저녁이었다. 가요 메들리 테이프를 틀어 놓은 채 그는 그 무렵 흥미진진하게 읽었다는 밀리언셀러 《퇴마록》 얘기를 하고 있었는데, 갑자기 견딜 수 없는 느낌이 나를 휩쌌다. 그는 십여 년 세월이 지났어도 너무도 변함없이 옛 모습 그대로였다. 여전히 선량하고, 따뜻하고, 사회적 성공도 제법 거두었으나, 여전히 가요 메들리와 대중 판타지 따위를 좋아하는 사람이었다! 그를 좋아하면서도 끝내 그에게서 달아나지 않을 수 없게 만든 그 무엇인가가 그에게 고스란히, 견고하게, 남아 있었던 것이다. 각자 사랑하는 가족을 집에 놔둔 채 나는 무얼 찾아 차를 타고 돌아다니고 있는 것일까.

나는 먼 훗날, 한 예순 살쯤 되었을 때, 다시 만나자고 제안했다. 그때쯤이면 어디 멋진 찻집에 마주 앉아도 과히 흠이 되지 않고, 가요 메들리나 대중적 판타지 소설에 대한 나의 편견도 얼마쯤은 무디어졌으리라 기대했을까.

그 후 한 몇 년간은 그 무렵의 몇 계절을 간간이 회상했지만, 이젠 그마저도 까마득히 잊고 살아온 지 오래되었다. 잘 살고 있으리란 믿음 외에 이제 나는 그가 어디서 무얼 하며 사는지 조금도 궁금하지 않다. 멋진 카페에서 차는 물론 전망 좋은 호텔 레스토랑쯤에 마주앉아 식사도 할 수 있을 만큼 뻔뻔해졌는데도 어느 누구와도 굳이 그러고 싶어지질 않는다. 맨 처음 그와 재회했을 때, 귀가 멍멍해지는 이명이 오면서 모든 시간과 공간이 정지하는 듯하던 순간의 그 가슴 떨림은 언제 어디로 다 사라졌을까.

그 저녁, 휘불어가는 낙엽을 바라보며 흘린 눈물은 가랑잎처럼 푸슬거리는 삭막한 내 가슴에 대한 애도의 눈물이었을 것이다.

# 카밀라와 다이아나

오래 전의 그 여름밤, 그 휘황한 세기의 결혼식 광경을 나는 친구의 집에서 텔레비전 생중계로 지켜보았다. 런던과 로스앤젤레스의 시차 때문에 7월의 밤은 이미 깊었다. 그 자리에 모인 사람들 중 여자는 모두 세 명이었다. 당시 몇 년째 사귀어온 애인과 결혼할까 말까 고민 중이던 나의 친구와, 진작부터 덫이 되어버린 결혼생활에 기진맥진해있던 남편 친구의 부인, 그리고 덫이든 뭐든 눈 질끈 감고 뛰어들어 한창 불러오는 배를 안고 있던 나.

셋 다 백마 타고 오는 왕자 따위는 믿지 않는 일종의 연성 여성주의자들이었지만, 어여쁜 신데렐라가 왕세자와 마차를 타고 자신들의 미래를 향해 떠날 때, 우리는 저도 모르게 아아아, 한숨을 토해내며 흐뭇해했다. 현실이 남루할수록 지구 저

편 어느 왕국에서는 진짜 왕자와 그의 사랑스런 신부가 함께 오래오래 행복하게 살아가리란 믿음에 위로를 얻었을 것이다. 동화에서처럼.

그러나 동화는 없었다. 그 꿈같던 결혼에 카밀라 파커 볼스라는 어째 듣기에도 딱딱한 기혼녀의 이름이 끼어들면서, '세기의 결혼'은 통속 드라마에서처럼 금이 가고 산산조각으로 부서져 내렸다. 그 전후에 일어난 일들은 온 세계 언론이 앞 다투어 파헤치고 까발린 그대로이다. 8년 전 다이아나가 파파라치라는 생경한 단어를 우리의 뇌리에 깊이 새겨놓으며 불의의 죽음을 맞았을 때, 일대 신드롬이라고도 할 만한 전 세계인들의 크나큰 충격과 상실감의 정체를 나는 한 편의 글로 짚어보고 싶었던 것 같다.

하지만 나는 그 글을 쓰지 못했다. 게으른 나는 그저 타임지를 도배한 추모 기사들을 찾아 읽고는 그녀의 이름을 붙인 폴더 속에 스크랩해서 밀쳐두었을 뿐이다. 그러다 무슨 생각에선지 그녀의 얼굴사진이 실린 표지를 뜯어내어 코팅까지 해다가 내 방 서가 옆에 붙여두었다. 비스듬한 각도로 잡힌 흑백사진 속의 다이아나는 청순하고 수줍고 어딘지 겁먹은 듯한 표정이었다. 책을 꽂아두거나 가지러 가면서 나는 이따금씩 사진을 물끄러미 바라보곤 하였다. 그 얼굴사진 속엔 '다이아나'라는 한 인간의 미처 성숙되지 못한 여린 내면과 나를 포함한 많은 이들의 마음을 사로잡은 매력의 모든 것이 응집되어 있는 듯했다— 밝고 화사한 미모에도 불구하고 본질적으론 연약하고, 상처입기 쉽고, 애련한 그 무엇. 그리고 바로 그런 요소들 때문에 뭇 여성들은 그녀에게서 바로 자신들의 거울 이미지를 보며 감정이입된 것이다. 미모도, 부도, 신분도, 사실은 어느 것 하나 닮은 점이 없었는데도 말이다.

신데렐라 환상의 실현은 제1막에 지나지 않았다. 백지와 같은 순진무구한 몸과 마음으로 왕세자비가 되었을 때, 그녀는 자신의 왕자를 열렬히 사랑할 준비가 되어 있었고 그녀 또한 그렇게 사랑받으리라 당연히 기대했을 것이다. 그러나 운명은 전혀 다른 방향으로 펼쳐졌다. 남편에게 사랑받지 못하고 깊이 상처 입은 어린 아내의 자아 찾기와 사랑 찾기의 아슬아슬한 지그재그 행로야말로, 많은 여성들의 내밀한 두려움이자 그들이 더욱더 공감할 수 있는 생생한 현실이고 제2막이었다.

찰스와 카밀라의 결혼사진을 처음 신문에서 보았을 때, 내겐 아직 별다른 관심도 가치판단도 없었다. 다만 첫 만남으로부터 35년이란 긴 세월을 이렇게 돌아 돌아 맺어지다니, 과연 운명이란 게 운명적 인연이란 게 따로 있긴 있나보다는 놀라움을 맛보았던가. 지금 곰곰 되짚어보자면 '결국 다이아나만 불행하게 끼어든 거였구나'라든지 '그냥 사랑하며 살면 되지 굳이 결혼까지 할 건 없지 않나?', 혹은 '찰스 그 사람, 젊지도 예쁘지도 않고 인기도 없는 연상의 낡은 연인과 끝내 결혼하는 걸 보니 아마 내가 생각한 것보단 훨씬 괜찮은 남잔가 보네?', 그리하여 '어쨌거나 두 사람은 행복하겠네.' 정도의 생각을 스치듯 했던 것 같다.

요컨대 카밀라로 인해 내내 고통 받고 그토록 참사랑을 갈구하다 비운에 간 다이아나에게 새삼 연민을 느끼긴 했지만, 먼먼 우회도로를 지나 황혼녘에 맺어진 두 사람에게 아무런 반감은 없었다. 아니 반감이라니, 오히려 오랜 시간의 단련을 이겨낸 그들의 끈질긴 관계가 종국에는 '위대한 사랑'으로 재평가 받을 날도 머지않으리란 예감마저 들기 시작했던 것이다. 동화는 동화이되 전혀 다른 줄거리의 동화가 마련되어 있었구나 싶은 심경이었달까. 인생이란 이렇듯 알 수 없는 것이라는 상념도 얼핏 지나갔던 듯하다.

며칠 전 몇몇 지인들과의 점심 자리에서였다. 도란도란 흐르던 화제가 방금 결혼한 먼 나라 왕세자와 그의 여인에 이르렀을 때, 좌중은 갑자기 격렬한 적대감의 물살로 굽이치기 시작했다. '유약하고 우유부단한' 찰스와 '집요하고 사악한' 내연의 여인 카밀라에 대한 '정실아내'들의 미움과 도덕적 단죄는 실로 당당하여, 그때까진 별 무심하던 내게 자못 놀랍고도 흥미진진한 관심을 촉발시키던 것이다.

무엇이 이토록 강경하고 가차 없이 비난하게 만드는 것일까. 마음이 가는 길이란 결혼이란 울타리를 제아무리 높다랗게 쌓아올려도 막을 수 없다는 걸 눈앞에 보면서도 인정하기

싫다는 말일까. 가정의 행복을 지키려는 아내 된 입장에서야 당연히 '악녀'로 여겨질 터이다. 그러나 문학을 하고 사랑이 무언지 인생이 무언지 웬만큼은 알게 된 이쯤에서는, 어차피 내게 일어난 일도 아닌 터, 잣대를 여러 위치에 옮겨 놓아보면서 이해와 연민의 눈으로 세상을 두루 감싸 안으며 바라볼 수도 있지 않겠는가.

서투르게 옹호하고 나서던 나는 덩달아 비난받으며 '왕따'를 당하기에 이르렀는데, 그때 문득 저들과 나의 시점이 갈라지는 지점이 한눈에 또렷이 들어왔다. 오래 전 다이아나의 결혼식 장면을 지켜볼 때는 아무런 부러움도 감정이입도 없이 그저 흐뭇해만 했었다. 그런데 나는 지금 부정할 수 없이 얼마간의 선망마저 가미된 놀람과 찬탄의 눈길로 이 결혼을 바라보고 있는 것이다.

이를테면, 내겐 결혼제도의 안이냐 밖이냐는 크게 중요치 않았다. 열정적 관계란 길어야 30개월을 넘지 못한다는 사실이 과학적으로도 규명된 지 오래인 이 시대에, 부부든 연인 관계든 그토록 오랜 세월을 함께 해온 두 사람 사이엔 분명 아주 특별한 무엇이 있고, 그 특별한 관계의 끈을 더 단단히 붙잡고 이끌어온 쪽은 필경 남자이자 왕세자인 찰스 쪽이리란 짐작이 내게 선망을 불러일으키는 것이다. 그리고 그에게 세월과 세상의 비난을 이겨내도록 만든 카밀라라는 여성이 지닌 힘의 정체가 무엇인지 같은 여자인 나는 궁금하고 부러운 것임에 틀림없었다.

카밀라가 대중의 미움을 산 것은 찰스와의 관계 때문이지만, 두 여성의 상반된 이미지도 적지 않은 영향을 미쳤을 법하다. 아리땁고 수줍은 다이아나를 첫눈에 연인으로 품어 안은 사람들은, 그런 다이아나를 버려둔 채 찰스가 사랑한다는 카밀라의 평범한 외모와 연상의 나이, 무엇보다 지적이고 당당해 보이는 인상을 용서할 수 없었을 것이다. 어쩌다 외신에서 그녀의 강하고 억세 보이는 얼굴과 중년의 둥근 몸집이 드러난 사진을 볼 때면 나는 젊은 날의 그녀 모습은 어땠을지 궁금해지곤 하였다.

그런데 신문에 나온 그들의 결혼사진 옆에는 스물 몇 살 첫 만남 때의 사진도 함께 실려 있었다. 옛날 청춘영화의 한 장면처럼 조신하게 떨어져서 마주 보며 얘기를 나누는 장면이었다. 이목구비는 잘 보이지 않았지만 흑백사진 속에서도 날씬한 몸매와 금발만은 알아볼 수 있었다. 이 만남에서 카밀라는 대담하게도 찰스의 고조할아버지인 에드워드 7세와 자신의 증조할머니가 한때 연인이었음을 밝히며 접근했다고 알려져 있다. 그녀를 혐오하는 이들이 찰스를 유혹한 여인으로서의 발칙한 일면을 부각시키고자 즐겨 들먹이는 대목인데, 어쩐 일인지 내겐 당돌하고 도발적인 그런 면모가 오히려 매력으로 다가온다. 비록 왕이었다곤 하나, 자신의 할머니가 상대방 할아버지의 정부였다는 사실이 무어 그리 드러내고픈 일인지는 모르겠다. 어쨌거나 두 번 다시 만나질 리 없을지도 모르는 왕세자에게 자신을 확실히 각인시키는 그 적극적이고 당당한 태도가, 그저 앉아서 '간택'을 당한 다이아나의 수동적인 자세보다는 한결 매력적으로 여겨지는 것이다. 그리고 찰스도 그녀의 이런 거침없고 활달한 태도에 운명적으로 매혹되었던 것이다.

그들의 만남과 어긋남, 그리고 각자 결혼하게 된 정황 등은 여느 청춘소설의 내용과 크게 다르지 않다. 그들의 재회와 옛 연인이자 이성친구에서 혼외관계로 발전하게 된 과정 등도, 시중에 범람하는 연애소설의 전형들과 별다를 게 없어 오히려 '인간적'이다.

이 모두를 받아들인다 해도 물론, 아쉬움은 있다. 왕실의 후계자로서 찰스가 개인적인 욕망을 자제하고 가족과 왕실과 국가에 대한 공적인 의무에 좀더 신중하고 책임감 있었더라면 하는 점이다. 이혼을 앞둔 어느 때, 다이아나는 텔레비전 인터뷰 중에 "우리의 결혼에는 늘 세 사람이 있었어요. 좀…… 복잡했죠……."하며 자조의 한숨을 내쉬어 보는 이들의 마음을 짠하게 했는데, 왕세자비이기 이전에 한 남자의 아내로서 그보다 더 서글픈 토로도 없었을 것이다.

그러나, 어쩌랴. 자신에게 부과된 의무와 기대를 몰랐을 리 없는 찰스의 선택은 분명했으며, 그에게도 사랑하는 사람과의 행복을 추구할 권리가 있음을 인정할 수밖에. 만일 다이아나가 불의의 사고를 당하지 않았더라면 이 결혼은 훨씬 앞당겨졌을 것이고, 그들의 결합을 바라보는 세상 사람들의 시선도 한결 너그러웠을 것이다.

찰스를 조종하며 결혼을 노려온 악녀든 사랑만으로도 필요하고 충분한 순애보적인 여인이든, 이제 카밀라는 그의 적법한 아내가 되었다. 그녀가 왕비의 자리에도 오르게 될지 어떨지는 두고 볼 일이지만, 음지에서 양지로 당당히 걸어 나온 그녀의 앞으로의 처신과 행보여하에 따라 두 사람의 오랜 사랑에 대한 세상의 평가도 달라져갈 것이다. 왕실의 규율과 혼인 서약의 장벽을 넘어 아무도 인정해주지 않는 금지된 사랑을 장장 35년간이나 지켜온 여인. 다이아나를 죽음으로 몰아넣은 가해자로 거세게 비난받아온 그녀의 고통도 적지 않았을 것이고 보면, 이 모두를 지나온 그녀의 강인함과 성숙함에 신뢰가 간다.

가엾고 사랑스런 다이아나는 영원한 숲 속의 공주로 만인의 가슴속에 잠들게 하라. 이젠 왕세자의 마음을 비끄러매둠으로써 또 다른 형태의 신데렐라의 꿈을 이뤄낸 카밀라가 자신의 비판자들의 마음을 어떻게 사로잡을지 조용히 지켜볼 시간이다.

# 오래된 골목

— 나폴레옹 제과요? 성북동 네거리에 있는 것 말이죠? 길이 막혀서 좀 우회하겠습니다.

동십자각을 끼고 왼편으로 방향을 튼 택시는 경복궁 앞을 지나 어느새 삼청동 길로 접어들고 있었다. 아니, 여기가……! 하며 고개를 틀어 돌아보았을 때는 오른쪽 비알진 동네로 오르는 계단은 시야에서 사라져버리고, 택시는 이미 삼청공원 앞을 달리는 중이었다. 쿵쿵거리는 가슴 때문에 제과점에서의 한 시간이 어떻게 지나갔는지도 몰랐다.

일을 마치고 다시 택시를 탔다. 기사에게 성북동 길로 올라가 삼청동으로 내려오는 코스를 부탁했다. 택시가 삼청동을 다 빠져나올 무렵, '나'는 몸을 왼편으로 틀어 아까 그 비탈길을 올려다보았다. 세 번째 계단참에서 오른쪽으로 꺾어진 두 번째

집 담장에 눈에 익은 청색 담요가 널려 있는 것도 같았다. 그러나 그럴 리는 없었고, 택시는 이내 경복궁 앞길로 빠져나왔다. 다음 순간, 과거의 그 공간은 다시 옛 시간 속으로 돌아갔다.

그 다음의 한 주일을 '나'는 앓았다.

아니, 삼십대의 마지막 3년 동안을 '나'는 아니 에르노의 ≪단순한 열정≫의 주인공처럼 열에 들떠 살았었다. 그때까지 한 남자의 평범하고 정숙한 아내이던 '나'는 어느 날 갑자기 세상에 대해 많은 비밀을 지닌 여자가 되어버렸고, 그와 함께 '내'게선 이 세상에서 절대 있을 수 없다거나 이해할 수 없는 일들이 사라졌다. 왜냐하면 소설 속 같은 얘기가 바로 '나'에게도 일어나는 것을 보았으니까.

어느 날 남편이 괌 지사로 발령을 받았다. 이제야말로 자신과 세상에 성실하고 떳떳하기 위하여, '나'는 남편을 따라 괌으로 떠나는 대신 '그'에게 가기로 결심했다. 이 비장한 결심을 알리기 위해 '그'를 만났다. 그런데 '그'는 변해 있었다. 아니다, '그'가 변한 건 아니었다. 단지 머리 모양이 달라져 있을 뿐이었다. 예술가처럼 굽실거리던 머리를 짧게 자르고 무스를 발라 세운 '그'는 처음 보는 사람인 양 낯설고 서먹했다. 세상의 눈총을 무릅쓰고 햇빛 속을 함께 걸어가야 할 아무 이유도 명분도 없는 타인 같았다. '나'는 절망했다. '내'가 사랑한 것은 고작 '그'의 머리칼이었던가. 순금이라 믿은 '나'의 열정도 이미 도처에 널린 것들과 별 다름없는 플라스틱제였던가.

그 후로 '나'는 두 번쯤 더 '그'를 만났다. '그'의 머리는 다시금 예전 길이로 보기 좋게 자라 있었으나, '나'에게서 무엇이 떠나간 것일까, '그'는 군중 속의 어느 누구와도 다르지 않았다.

영화대사 같이 이렇게 말을 마친 선배는 저기 저 골목이었어, 하고 턱으로 유리창 밖 언덕배기 동네를 막연히 가리켰다.

내가 앉은 탁자 오른편 창으로는 청와대에서 내려오는 길과 경복궁 돌담 너머 민속박물관의 청기와 지붕이 바라보이고, 맞은편 창으로는 삼청동 낡은 한옥들과 길가에 도열한 은행나무, 그리고 굵은 홍시가 흐벅지게 휘어 달린 이 집 정원의 감나무가 바라보였다. 지난주에 근처 화랑에 왔던 나는 서울보다 남쪽인 우리 동네에서는 진작에 져버린 은행잎이 여기 삼청동 길을 찬란하게 물들이고 있는 것을 보았다. 샛노란 주단길을 밟아 오니, 청와대 길과 삼청동 길이 만나는 모퉁이에 바로 그 전 주에 문을 열었다는 북 까페가 있었다.

두 유리창 안에 들어앉은 가을날의 아름다운 정경을 나누고자 선배를 초대했던 것인데, 그녀에겐 또 다른 사연이 깃든 길이던 것이다. 이런 얘기 누구에게 하는 것……, 처음이다, 하며 선배는 정말로 처음이라고 믿는 모양이지만, 그녀는 견딜 수 없는 이 벅찬 비밀을 예전에도 내게 두 번이나 털어놓은 적이 있다. 그러니까 연애가 끝난 몇 년 후, 택시를 타고 삼청동 길을 다시 지나게 되기 전까지의 얘기였다.

나는 불현듯 주위를 돌아보았다. 저쪽 탁자에는 오십대 여인 둘이 정담을 나누고 있고, 내 뒤쪽 창가에는 남학생 하나가 연인과 이마를 맞대고 조금 전 책장에서 꺼내 간 클림트의 에로틱한 화집을 함께 들여다보고 있다. 나는 청년의 숙인 앞머리가 무스를 발라 뻣뻣하게 일어서 있는 것을 본다. 맨 처음 선배에게서 한창 진행 중인 이 연애 이야기를 들었을 때, 그때는 나도 그런 나이였던가, 괜스레 내 가슴이 싸아하여 나는 가슴께를 자주 지그시 눌러야 했다. 연애가 돌연 막을 내리고, 꿈에서 깨어난 듯 어리둥절한 얼굴로 그녀가 "사랑은 원래 이루어질 수 없는 건가 봐." 했을 때, 나는 가슴을 쓸어내리며 안도하면서도 어쩐지 아쉽기 그지없던 것이다.

그런데 선배는 지금 다른 이야기를 한다. 이제 와 생각하니 그 사랑은 옹글게 다 이루어진 거라고. 다만 연애가 원래 그런 거라는 걸 자기가 몰랐을 뿐이라고.

— 그날 집에 돌아온 '나'는 조금 울었다. 오래 전에 잊어버린 줄만 알았던 온갖 기억들이 일제히 되살아나서 '나'를 괴롭히는 거였어. 예전에 죽도록 가슴이 아팠던 것은 아마 이런 거였을 거야. '그'를 위해 대신 죽을 수도 있을 것 같던 '내'가 어린애처럼 고작 머리칼 하나 때문에 사람 자체가 싫어지도록 돌변할 수가 있을까. 그렇다면 그건 사실은 처음부터도 사랑도 뭣도 아니었지 않을까, 하는. 그런데 지금은 기억의 소멸

때문에 눈물이 났어. 언젠가 누군가에게 바친 불잉걸 같은 열정의 기억도 시간의 풍화 작용 속에 가뭇없이 사라진다는 사실 말이야. 한때 내가 숨어들곤 하던 그 집 앞을 지날 때까지도 '난' 까마득히 잊고 살았거든.

그런데 일주일째쯤 되는 날이었을 거야. 창 밖에는 가을이고, '나'는 소파에 길게 드러누워 라디오를 듣고 있었지. 그때 어떤 가을 노래가 나오는데, 늙어가는 어느 여가수가 사랑, 그 쓸쓸함에 대해 고즈넉이 노래하는데……, 그때 홀연히 모든 게 깨달아졌어. 연애란 원래가 그런 것이었다고. '나'의 사랑도 이미 정해진 그 생성과 소멸의 전 궤도를 충실하게 밟아 완전무결하게 완성된 거라고. 지난번 삼청동 골목에 이르러 몇 년씩 망각하고 있던 한 시기를 잠깐 다시 기억해낸 것조차도 그 일부분이었던 거야. 이젠 추억이라는 달콤한 옷을 입혀 때로는 기억하거나 때로는 잊거나 하며 살아가면 되는 거지. 남들은 이십대에 다 깨치는 걸 이제야 겨우 눈치 채다니, 늦되어도 한심하게 늦된 거지? 그런데 참 이상하다. 의당 허무하고 쓸쓸해야 할 것 같은데, 실은 지극히 담담하고 편안한 마음이거든?

말을 마친 선배는 내가 이제 해탈해가는 건가, 하며 조금 웃어 보였다.

카페를 나온 우리는 은행나무 잎과 플라타너스 잎이 깔린 길을 따라 잠시 거닐었다. 찻길 왼편으로는 나지막한 한옥들이 어깨를 잇대고 있고, 그 사이사이로는 어딘가로 이어지는 좁은 골목길이 이따금씩 비밀스레 뚫려 있었다. 바람이 불고, 선배의 어깨 위에 커다란 플라타너스 잎이 하나 투둑 내려앉았다. 잎 하나 떨어질 때마다 하늘은 그만큼 넓어지고, 그 빈 자리가 나는 쓸쓸하다기보다는 어쩐지 아름답고 고맙게 여겨졌다. 여름날의 불같은 열정도 언젠가는 사그라지며, 어떠한 광기 어린 연애도 그 순환궤도를 다 이행한 뒤엔 우리를 제자리로 데려다주리란 걸 믿을 수 있다니 얼마나 마음 놓이는 일인가.

전에는 무슨 점포였는지 길가로 향한 빈 가게 유리창에 '솜틀집 이쪽으로→', '하숙방 있습니다', '진돗개 분양' 따위의 빛바랜 쪽지가 나붙어 있는 것을 우리는 오래도록 들여다보았다. 시간이 흐르는 게 그 한순간 내게 손에 잡힐 듯 선연히 느껴졌다.

그건 그지없이 다행스럽고 감사한 일이었다.

# 그 집은 그곳에 없다

우리는 벌써 세 번째 같은 블록을 도는 중이었다. 뇌리 속에 선 부동의 모습으로 선연하던 것과는 달리, 이 집인가 싶다가도 아닌 것 같고 아닌가 싶다가도 맞는 것 같았다. 20년 전에 고작 여섯 달간 살았던 집이니 내 기억이 이토록 오락가락하는 것도 무리는 아니었다. 그래도 어쩐지 바보 같은 느낌에 "아마도 이 집 같긴 한데……."하고 풀 죽은 소리를 내자, 아이는 응원이라도 하듯 짐짓 명랑한 음성으로 얼마든지 시간 끌어도 상관없으니 천천히 잘 살펴보라고 말했다.

드라이브웨이를 앞으로 걸어갔다 뒤로 물러났다 하면서 나는 다시 한번 집을 뜯어보았다. 퇴락한 연분홍빛 회벽토며, 현관 옆쪽으로 해서 2층으로 올라가는 나무 계단이며, 진홍 제라늄과 백장미가 엉클어진 앞뜰이며……. 구조나 전체적인 느낌이 내 기억 속의 집과 거의 흡사했다. 문제는 연분홍빛 대신 연회색이란 것만 다를 뿐 이제 보니 그 왼쪽 집도 알리바바네 집처럼 어슷비슷한 구조요, 분위기란 점이었다. 뿐더러 20년 동안이나 이렇듯 그대로일 리가 있을까 싶어 오히려 더 긴가민가해지는 것이다. 오른쪽 집까지 함께 보면 좀더 확신이 설 것도 같은데, 그 집은 하필 흰개미를 소탕 중인지 2층짜리 집 전체를 하얀 방수포로 씌워놓은 때문에 전혀 도움이 되지 못했다.

부엌 바닥을 물걸레질하다 말고 가정부 드니스는 흘기듯 천장을 힐끗 치어다보며 비웃었다. "보나마나 이 집은 저 뚜껑을 열어보면 흰개미가 온통 다 파먹었을 거야. 어느 날 갑자기 내 머리 위로 천장이 폭삭 내려앉아도 난 하나도 안 놀랄 거라구. 아아, 지겨워, 지겨워. 이놈의 집구석엔 모든 게 다 늙었다니까." 이러면서 대걸레로 마룻바닥을 꽝꽝 찧는 것이다. 나중에 103세로 돌아가신 집주인 크리스티 할머니는 당시 99세였고, 2층에 사는 그분의 두 딸 헬렌과 마거릿은 각각 육십대와 칠십대 중반이었다. 오십대 초반인 드니스 자신도 스물세 살 그때의 내 기준으로는 이미 할머니여서, 나는 그녀의 이런 타박에 슬며시 웃음이 치밀곤 했었다. 혹시 흰개미를 박멸 중인 저 옆집이 그 집은 아닐까?

반달 모양으로 크고 둥그렇게 휘어진 거실 유리창을 바라보다 몸을 돌렸다. 할머니는 창가에 휠체어를 끌어다 놓고 앉아 '어린', 그러나 그 자신들도 이미 노인들인 딸들의 귀가를 안달

하며 기다리곤 하였다. 보랏빛 꽃대가 바람에 하늘거리는 아카펜터스(아아, 신기하다, 저 꽃 이름이 아직도 기억나다니!)가 무더기무더기 피어 있는 산울타리께를 보자, 이른 아침 장미를 꺾으러 뜰로 내려서던 드니스가 정원에 들끓는 민달팽이를 잘못 밟고 "Bloody slugs!(빌어먹을 민달팽이 같으니!)" 하며 나직하게 욕설을 내뱉던 일까지 생생히 떠올랐다.

그러나 알 수 없었다. 바로 이 집 같기도 하고, 그보다는 어쩐지 하얀 방수포에 뒤덮인 오른쪽 집일 성싶기도 했다. 아니, 어쩌면 이 블록이 아니고 이 다음 블록이나 이 전 블록인 건 아닐까? 우리는 앞뒤로 세 블록을 마지막으로 한 바퀴만 더 돌아보기로 했다.

로스앤젤레스의 언니네 집에 머물고 있는 딸아이를 데리고, 내가 20년 전에 잠시 살았던 웨스트우드라는 동네로 옛 호스트 패밀리 댁을 찾아나선 참이었다. 가을에 뉴잉글랜드의 기숙학교에 입학하게 되는 딸아이는 지난 연말 이곳 이모네 집으로 혼자 떠나와 봄 학기 동안 인근 학교에 다니고 있었다. 나는 언니들도 만날 겸 아이가 태어나 만 일곱 살까지 살았던 이곳 생활에 다시금 잘 적응하고 있는지도 직접 볼 겸 잠깐 다니러 온 것이다.

호스트 패밀리 댁을 찾아 나섰다곤 해도 그 집 식구들이 아직도 거기 그대로 살고 있으리란 기대는 물론 없었다. 할머니는 진작에 돌아가셨고, 당시 이미 육칠십대 노인들이던 헬렌과 마거릿도 필경 작고한 지 오래일 터였다. 다만 나는 십대 소녀인 딸아이에게, 야무진 뜻을 세우고 제 노력으로 길을 열어 끝내 떠나오고야 만 당찬 아이에게, 이 평화롭고 한적한 골목에 서서 오래 전 젊은 날의 어느 한 때 내가 살던 집을 바라보며 무언가를 들려주고 싶었다. 역시 포부만은 야무지게 유학이랍시고 떠나온 제 엄마가, 전공에 대한 갈등과 회의로 공부를 중단했다가 다시 복학할 때까지의 그 좌절과 혼돈의 아득한 한철 이야기를 말이다.

우리는 껑충한 야자수가 늘어선 가로를 따라 다시 걸음을 옮겼다. 겨울이라곤 해도 남캘리포니아의 2월 햇살은 맑고 포근하여, 집집마다 앞뜰에는 희고 붉은 꽃들로 화사하고 명랑했다. 온통 노인들 틈에서의 정지된 생활이란 날아오르고픈 스물 몇 살의 내겐 한없이 갑갑하고 막막한 나날이었음에 틀림없다. 그런데도 기억의 채색 프리즘을 통해 돌아보는 그 시절은 그때의 내가 필연적으로 통과해야 했던 우회도로였던 듯만 여겨졌다. 지그시 숨을 고르며 지나가야 하는 아름답고 고즈넉한 샛길 말이다.

크리스티 할머니의 한 주일은 정해진 일정표에 따라 움직였다. 금요일 오후 세시엔 은퇴한 실업가인 칠순의 아들이 멀리 플로리다 휴양지나 하와이 바닷가에 누워 있다가도 날아와 할머니를 뵈었다. 화요일 점심때는 헬렌과 마거릿이 할머니를 모시고 웨스트우드의 레스토랑으로 조개수프를 먹으러 갔다. 링컨의 실크해트 비슷한 구식 모자를 쓰고 비단신을 신은 할머니의 행차는 가히 볼 만한 구경거리였다. 백 년 전 시대극 차림으로 성장한 할머니가 휠체어를 타고 레스토랑에 들어서면, 사람들은 혹시 영화를 찍고 있나 생각하는 듯 넋을 잃고 바라보곤 했다.

칠십대 중반의 마거릿은 스웨덴 출신의 부유한 노신사와 벌써 몇 년째 약혼 중이었다. 데이트를 끝내고 집 앞까지 온 그들은 길 건너편에 차를 세우고는 한참을 더 속삭이다 헤어지곤 했다. 돈 많은 독신자를 만나 재혼하는 게 꿈인 드니스는 부엌 창으로 그들을 내다보면서 "모르긴 해도 저 결혼, 아마 안 될걸?"하며 코웃음을 쳤다. 재산 문제 때문에 신사의 딸들이 극구 반대한다는 것이다. 관절염으로 괴로워하는 마거릿이 결혼도 하기 전에 탈이 나버리지나 않을까, 나는 오히려 그게 더 걱정이었다.

어느 날 밤, 잠이 깨어 물을 마시러 부엌에 들어가던 나는 화장실에 다녀오던 드니스와 마주쳤다. 그녀는 하늘하늘한 물빛 잠옷 차림이었는데, 잠옷 속은 아래위 아무것도 입지 않은 맨몸이었다. 나는 짐짓 못 본 체하여 지나쳤으나, 이튿날 아침 그녀는 내게 자신은 워낙 벌거벗고 자는 습관이 있다고 변명 비슷이 늘어놓았다. 혼자 늙어가는 서양여자의 끈적하고 눅진한 외로움은 젊은 내게 불유쾌하면서도 서글픈 연민의 정을 불러일으키곤 하였다.

머리 뒤쪽으로 흘러가는 이런 기억들을 더듬으면서 나는 아이를 흘깃흘깃 바라보았다. 이런 장면장면들이 그때의 내게 불러일으킨 상념들을 지금 아이에게 말해봐도 좋을까. 나는 다시금 삶을 시작하고 싶어 초조한 짙푸른 나이였다. 그런데 내 주위는 죄다 늙음뿐이었고, 그 뒤편으론 탑탑한 분내음을 풍기는 죽음이 레이스 커튼처럼 아른아른 드리워져 있었다. 흐트러진 인생 궤도를 재정비하느라 골몰하는 중에도 내 마음은 늙음이니 죽음이니 하는 명제에 자주 빠져들었고, 그러다간 삶 쪽으로 공처럼 팔짝 되튀어 올라오곤 했다.

아이는 이제 열일곱 살. 약간의 불안과 그보다 더 큰 기대에 설레는 나이였다. 이 아이와 사소하나 내게 깊이 각인된 웨스트우드에서의 한 시절 이야기를 꼭 나누고 싶다는 생각을 하면서, 그러나 아직 아무 말도 하지는 않으면서, 나는 반쯤 몽롱한 상태로 이 집인가 저 집인가 하며 계속 걸어갔다.

어느 집 드라이브웨이에 서 있는 빨간색 페라리를 보고 나는 잠깐 걸음을 멈췄다. 미국 땅에 갓 내린 내가 앞좌석밖에 없는 작고 납작한 페라리를 처음 보고는 저 차는 저렇게 작으니 값도 싸겠지, 이담에 차를 살 때는 저 종류를 사야겠다, 마음속으로 차 이름을 외워두던 일이 실소와 함께 떠올랐던 것이다. 그러자 연이어 크리스티 할머니댁으로 몇 번인가 나를 데리러 오곤 하던 찌그러진 일제 마쓰다가 생각났다. 언니네의 소개로 만났던 제이의 차였다.

제이는 외교관의 아들로 아버지를 따라 여러 나라를 돌아다니며 자라난 청년이었다. 나보다 두 살 위였고, 우리말을 거의 못했으며, 당시 중부의 어느 대학을 졸업하고 노동허가서를 기다리며 진로를 모색 중이었던 것 같다. 이를테면 종류는 다르나마 우리는 똑같이 공중에 떠 있는 어정쩡한 상태였던 것이다.

나는 그에게 매력을 느꼈다. 좀더 정확하게 말하자면, 그의 거뭇한 턱수염자리와 반바지에 슬리퍼 차림으로 나를 데리러 왔을 때 본 엄지발가락의 몇 오라기 검은 털에 매혹당했다. 순결하고 오연한 이십대의 나는 당시 육체를 멸시하거나 부정하는 반면 형이상학적인 추상 세계를 터무니없이 동경하던 때여서, 세상에, 엄지발가락의 검은 털 때문에 이끌리다니, 이런 내가 나는 자못 당혹스럽고도 흥미로웠다.

나의 영어보다 그의 우리말이 훨씬 서투른 때문에 우리의 대화는 주로 영어로 이루어졌다. 그것은 내겐 신기한 해방감을 가져다주었다. 영어라는 새로운 언어체계는 기존의 경직된 사고의 틀을 무너뜨리고 내 의식세계를 자유롭게 확장시켜 상대방의 입장에 나를 놓아보도록, 그리하여 우리말로 대화했다면 가능했을 것보다 훨씬 많은 것을 수긍하고 이해할 수 있도록 나를 열어주는 것을 느꼈다.

그래서였을까. 그가 나중에 자신은 생활비도 절약할 겸 졸업 무렵까지 백인 여자 친구와 2년 가까이 동거를 했었다고,

그의 부모는 전혀 모르는 사실이며 알았더라면 기절초풍했을 거라면서 싱긋 웃었을 때에도 나는 짐짓 태연한 체하며 놀라지 않았다. 아니, 내심 놀라긴 했지만 어쩐지 놀란 내색을 할 수가 없었다. 왠지 그러면 나에 대한 그의 신뢰를 배반하는 게 될 것만 같았다. 그는 또 대마초 이야기도 털어놓았다. 이따금 대마초를 피운다는 것. 헤로인이나 LSD와는 달리 대마초 정도는 사실은 담배보다도 중독성이 약하며 인체에 덜 해롭다는 것. 대마초를 피울 때 말초의 감관 하나하나까지 다 깨어나는 듯한 그 고양된 느낌을 나와도 나누고는 싶지만, 나는 너무 순진하고 'vulnerable'(상처받기 쉽다는 뜻)하여 그럴 순 없다는 얘기 등이었다.

내게 오래 전부터 위험하고 음습한 그 무엇으로 막연하고도 깊이 각인되어 있던 대마초……. 혼란스런 마음을 감추고 그의 얘기에 애써 가치중립적인 태도로 귀 기울이면서도, 나는 그가 유창하게 발음하는 'vulnerable'이란 단어가 그와 나 사이에 견고한 돌담처럼 우뚝 세워지는 느낌을 맛보았다.

우리는 만나기보다는 주로 전화로 이야기를 나눴다. 그에게는 내가 처음으로 알게 된 한국 여학생이라 했다. 부모를 따라 이 나라 저 나라를 떠돌아다니며 겪은 정체성의 혼란과 일탈행위를, 모종의 편견이나 선입관을 걱정하지 않고도 한국인인 내게 마음 편히 털어놓을 수 있다는 사실이 그는 기쁜 듯했다. 나 역시도 불확실한 미래에 대한 두려움과 아직 펼쳐보지 못한

꿈 얘기를 열어보이며 그에게서 많은 격려를 얻었다. 얼얼한 귀를 문지르며 마침내 전화를 끊고 일어서면 어느새 창밖이 희붐하게 밝아오는 아침이었다.

그랬던 것이, 야간 개장한 디즈니랜드에 놀러 갔다 온 다음 어색해져버렸다. 유령의 집을 볼 때나 무한공간으로 내던져지는 듯한 초고속 우주선을 탈 때, 보호해주려는 듯 언뜻언뜻 어깨에 와 닿는 손길까진 느낌이 좋았다. 불꽃놀이까지 다 보고 밤늦어 웨스트우드로 돌아온 우리는 집 근처 편의점 앞에 차를 세우고 샌드위치를 사먹었다. 이제 할머니댁 앞에서 차를 내려 한나절 사이 뭔가 더 가까워진 듯한 친밀감을 간직한 채 손을 흔들고 헤어지면 되는 일이었다.

그런데 샌드위치를 다 먹은 그가 그것을 쌌던 기름종이를 구겨버리고는 방금 햄 샌드위치를 먹은 입으로 내게 키스를 하려 드는 것이었다. 아마도 그것은 별 뜻 없는, 영화에서 흔히 보는 것처럼 하루 저녁 데이트를 즐기고 이제 막 작별하려는 처녀애에게 한 청년이 보일 수 있는 최소한도의 미국식 예의였는지도 모른다. 그러나 그 순간, 내 머릿속에는 3년씩이나 걸려서 그토록 서서히, 아껴가며, 조심스럽게 첫 입맞춤을 나눈, 그러고는 결국 헤어지고 떠나온 옛 애인의 얼굴이 떠오르는 것이었다.

가벼운 모독감과 함께 내 입술 사이로 고통스런 신음이 새어나왔다. 그는 당황했다. 그리곤 자기와 키스하는 게 괴로운

가 물었다. 나는 무슨 말을 해야 할지 몰랐다. 수줍고도 날카로운 첫 입맞춤의 현장을 크고 유순한 눈을 껌벅이며 지켜보던 교외 어느 산기슭의 소 두 마리, 그 하오의 들판을 가로질러 "새벽종이 울렸네, 새 아침이 밝았네……"하는 새마을 노래가 귀에 웅웅거렸고, 그때 내 종아리를 애면글면 기어오르던 굵은 왕개미의 간지러운 감촉……, 같은 것이 아프게 되살아났던 것이다. 잠시 침묵하던 제이는 내가 너무 순수하고 'vulnerable' 하여 다칠까 봐 겁난다고 다시 한번 그 단어를 썼다.

이윽고 차의 시동을 건 그는 내 어깨를 토닥여주고 왼쪽 뺨에 가볍게 입술을 댔다 떼면서 너는 참 아름다운 사람이라고, 부디 지금 이 모습 그대로 변하지 말라고 말했다. 내가 드라이브웨이를 걸어 올라가 현관문 안으로 들어서는 것을 지켜본 다음 차는 떠났다. 안도감과 낭패감이 뒤엉킨 야릇한 기분으로, 그 후로도 꽤 오랫동안 나는 'vulnerable', 'vulnerable',하고 혼자 입속말로 뇌어보곤 하였다.

나는 무엇을 꿈꾸며 그 집을 찾아나선 것일까? 무엇을 되찾으려고?

때 이르게 인생의 새로운 페이지로 들어선 딸아이에게 나는 야심만만하게 떠나는 왔으나, 뒷걸음질칠 수도 앞으로 무작정 밀고 나아갈 수만도 없어 잠시 샛길로 벗어나 엎드려 있던 내 봄날의 이런 삽화들을 들려주고 싶었던 것 같다.

내게 누구는 '대책 없는' 혹은 '싱그런'이란 단어와 함께 남았고, 누구는 '진중한'이란 단어로, 또 누구는 '믿음직한' 이란 단어로 스쳐 지나가거나 머물렀다. 'vulnerable'이란 단어는 내게 엄지발가락의 몇 올 검은 털이 섹시하던 한 청년을 매번 연상시키지만, 어느덧 나도 단단한 각질이 생긴 지 오래인 질긴 여자가 되었다. 인생이란 게, 인간이란 게 원래 이런 거려니 하고 그 밑바닥을 이미 보아버린 한, 더 이상 아무것도, 그 누구도 내게 상처를 입힐 수 없다. 나 자신 이외엔…….

나는 이런 말들을 마음속으로 중얼거리면서, 그러나 입 밖으로 소리내어 말하지는 않으면서, 무심한 표정으로 내 옆을 걷고 있는 열일곱살짜리의 얼굴을 곁눈질로 살펴보았다. 지난 연말 공항에서, 홀로 비행기 태워 보내는 게 못내 안쓰럽고 마음에 걸려 트렁크라도 끌어주려 하자 아이는 단호하게 거절했었다. 도착하면 어차피 혼자인데 이제부터 연습해봐야 한다는 것이다. 자신이 원해서 내딛는 걸음, 자기가 책임지겠다는 다부진 각오의 표출일 터였다. 이 아이는 앞으로 어떤 시행착오와 우회도로를 거치게 될까. 과연 내가 믿고 싶은 것처럼 꿋꿋하고 씩씩하게 잘해줄까.

아이는 내가 생각하던 것보다 더 많이 나를 닮았고, 내가 관여하건 안 하건 자기 식대로 자기 페이스대로 인생을 살게 될 것이다. 부모로서 이제 내가 해줄 수 있는 최선의 것이란 아이가 그야말로 '자신의 인생을 살도록' 한 걸음 물러나 기도해주는 일뿐인지도 모른다. 불현듯 이 아이가 "이담에 커서…….”라고 부푼 꿈을 담아 말할 수 있는 시간도 얼마 남지 않았다는 인식이 내 가슴을 쳤다. 이 길모퉁이를 돌아가 다른 모퉁이에 이를 때쯤이면 ‘이 다음’이 ‘바로 지금’이 되어 나타나 아이에게 ‘커 있기를’ 냉엄하게 요구할 것이다.

자전거를 탄 여남은 살의 남미계 소년이 “하이!” 손을 흔들며 지나갔다. 마주 “하이!” 하는 아이의 모습이 어느 결에 제법 자연스러워 보였다. 우리는 더 이상 집을 살피는 것도 잊어버린 채, 대학촌이 가까운 오래된 동네의 몇 블록을 산책하듯 한가롭게 거닐었다. 초등학교가 서 있는 이웃 블록에 3층짜리 아파트 건물이 하나 들어섰을 뿐, 허물고 새로 지은 집도 거의 없는 듯 동네는 예 그대로 평화롭고 아담하였다. 어디를 가는지 한국인이 분명한 동양 할머니 한 분이 맞은편 길을 혼자 걸어가는 게 보였다. 예전엔 온통 백인뿐이던 이곳에도 간간이 타 인종들이 섞여든 것이 그나마 달라진 점일까.

길 건너편에 세워둔 차에 오르기 전에 나는 한 번 더 그 집을 바라보았다. 여전히 연분홍빛 회벽토의 그 집 같기도 하고, 흰 방수포를 둘러쓴 그 오른쪽 집일 것 같기도 했다. 하도 여러 번 바라봐서인지 더 이상 어느 집이 어느 집인지도 알 수 없었다. 이젠 뭐 아무래도 좋은 일이었다.

그 이틀 뒤 서울로 돌아오는 비행기 안에서였다. 지친 몸을 등받이에 기대고 잠을 청하고 있는데, 며칠 전에 본 웨스트우드의 집들이 감은 눈앞을 퍼레이드하듯 차례차례 지나가는 것이었다. 그 순간, 역시나 내가 몇 번씩 기억을 되짚으며 지나가고 지나가고 한 그 연분홍 집이 바로 그 집이었다는 것을 나는 다시 알았다. 종잡을 수 없던 삶의 윤곽이 문득 절로 스르르 제자리를 잡으며 맞물리는 듯한 느낌이랄까.

알 수 없는 일이었다. 왜 막상 눈앞에 볼 때는 자꾸만 낱낱의 원소로 해체되어 흐릿해져버리는 것일까. 왜 단지 내 심상 속에서만 확고한 존재감을 지니고 우뚝 버티고 서 있는 것일까.

20년 전 웨스트우드를 떠날 때, 나는 내 삶의 결이 웨스트우드 이전과 이후로 양분될 것이란 예감을 가졌었다. 그 예감은 들어맞았다. 그러나 어차피 삶이란 그 사람을 만나기 이전과 이후로, 그곳에 가보기 이전과 이후로, 그 일을 하기 이전과 이후로 나뉘기 마련이란 것도 나는 알게 되었다. 우리는, 사람은 물론 사물과 상황과도 모종의 관계를 맺으며 끊임없이 변해가는 존재이기 때문이다.

그 집은 여전히 거기에 있다. 그러나 더 이상 그곳에 없다…….

우리 삶의 끝 모를 비의에 아뜩해지는 마음으로, 나는 정지한 듯 구름 속을 나아가는 비행기 날개를 골똘히 응시하며 갔다.

3부

# 칸나

마지막 장을 덮고 돋보기를 벗으며 어머니는 "별 의미는 없고나." 하신다. 수필집은 왜 아니 가져왔느냐면서, 소설이야 말짱 지어낸 거짓부렁이일 뿐 글은 역시 수필이라야 한다는 것이다. 내 글 보여드리기 부끄럽다는 생각에 다른 수필집까지도 챙겨오지 않은 것을 후회하는데, 잠깐 섭섭한 생각이 스쳐간다.

어머니가 방금 읽으신 책은 내 첫 번역 작품이다. 우연히 숲 속의 샘물을 마시고 영원한 생명을 얻게 된 한 가족의 이야기를 다룬 신비스런 우화로, 나로서는 ≪어린 왕자≫보다 더 각별한 애정을 갖고 있는 작품이다. 활자가 커서 어머니가 읽으시기에도 부담이 없을 것 같거니와, 영원한 삶에 대한 선택권이란 '대단한 의미'를 놓고 병중의 어머니와 토론을 해보고 싶었다. 그런데 별 의미조차 없는 얘기라니.

어머니는 이윽고 몸을 움직거려 앉은뱅이걸음으로 방을 돌기 시작한다. 이렇게 몇 차례씩 운동을 하지 않으면 그나마 마비되지 않은 반신이 쑤셔 밤에 잠을 이룰 수가 없다고 한다. 하루하루가 지옥이라며 벌써 십여년 세월을 병든 육신의 굴레에 갇혀 계신 어머니. 최근에 돌아가신, 당신보다 열세 살이나 아래인 이모 얘기를 나누다가, 어머니는 결연히 눈물을 훔치며 "나를 봐라, 그만하면 차라리 복이다." 하신다.

달려들어 껴안고 사과하고 싶은 마음을 누르며 어머니의 굽은 등을 묵묵히 바라본다. 유리창을 통해 만찬 광경을 들여다보는 굶주린 사람처럼, 작품 속의 아버지 터크는 죽어가는 사람을 간절한 원망願望의 눈으로 응시했었다.

그래, 의미가 없고말고. 어머니야말로 이런 고통의 질곡에서 헤어날 날만 기다리며 하루해를 보내는 분이 아니냐. 이야기야 나누어보나마나, 어머니의 선택은—또, 나의 선택도— 처음부터 자명한 것이다.

이 여름에 만사를 제쳐두고 어머니 곁에 날아와 앉아 있는 것은 지난달에 이모가 돌아가신 때문이다. 봄에 외삼촌이 돌아가셨을 때부터 이번 여름에는 꼭 어머니를 가 뵈었으면 하긴 했었다. 그러다가 갑자기 이모까지 돌아가시자 나를 얽어매고 있는 일상사가 죄다 무의미하게 여겨진 것이다. 병중이긴 해도 물론 어머니가 당장 어떻게 되실까 봐 걱정한 것은 아니다. 그저 아직 살아 계시고 정신력이 온전하실 때, 그 앞에 마주 앉아 아이처럼 "엄마아!" 하고 불러보고 싶었을 뿐이다.

이모의 죽음은 내겐 너무나 갑작스런 것이었다. 암을 발견한 지도 일년이 가깝기는 했으나, 간간이 찾아뵐 때도 겉보기로는 별반 환자 같지도 않았고 돌아가시기 이틀 전에 안부 전화를 드렸을 때에도 마찬가지였다. 목소리가 다소 쇠잔하게 들리던 것이 전과 달랐다면 달랐을까.

이모는 모든 것이 고맙다면서 "성질 못된 내가 병들고부터는 화라고는 내보질 않았다. 헛된 욕망의 끈을 놓고 나니 그리 마음이 편할 수가 없구나." 하며 웃으셨다. 그 유명한 허許씨 욕심이 정말 다 죽었냐고 이모를 놀리는데, 형언키 어려운 감동이 밀려왔다. 독실한 불심이 헛된 집착에서 벗어나게 해주었을 터, 이모가 그토록 의연하고 기품 있게 여겨진 것은 처음이었다.

바로 그 이틀 뒤의 돌연한 부음에도 분명 좋은 곳으로 가셨으리라는 확신 뿐, 슬픈 생각은 들지 않았다. 삶은 죽음으로써 비로소 완성된다는 누군가의 글귀에 고개를 주억거리며, 그 오랜 세월을 병든 육신에서 벗어나지도, 또 거기에 길들여지지도 못하고 있는 내 어머니가 한층 더 가엾게 여겨졌을 따름이다.

운동을 마친 어머니는 자리로 돌아와 박규환 수필집을 펴드신다. 어머니도 나처럼 그분의 애독자다. 동병상련의 위안을 느끼는 것일까. 당신 한 몸 가누기도 힘겨운 상노인이 늙음과 죽음의 비애와 고독을 절절이 토해낸 수필집을 탐독하는 품은 더욱 애잔한 데가 있다. 먼 땅에 있는 팔순의 환자가 "이분은 이즈음도 혼자서 불광천변을 거니는고?" 하고 한숨을 쉬며 눈가를 훔치는 줄 안다면, 오히려 글쓴이의 눈시울이 더 젖어들 것이다.

하오의 햇살이 쨍쨍 내리쬐는 화단을 멍하니 내다보노라니 "저 꽃 이름이 뭐이라? 빛깔이 곱기도 하재!" 하는 어머니의 밝은 음성이 들린다. 어느 여름날, 학교에서 돌아와 가방을 내던지는 내게 어머니가 물었었다. 어머니의 손가락 끝을 따라가보니 봉숭아, 맨드라미, 해바라기가 만발한 화단에 난데없는 선홍빛 칸나가 한 포기 피어 있었다. 발목까지 오는 기다란 무명 앞치마에 머리에는 하얀 수건을 둘러쓴 억센 어머니가 "칸나라……." 하며 서양 꽃 이름을 따라 뇌는 품이라니. 그러나 킥 웃음을 터뜨리고 생각하니, 칸나의 정열적인 이미지와 강인한 어머니의 여름 기질이 그리 잘 어울릴 수가 없던 것이다.

그날 오후, 무심히 해바라기 가지를 헤치고 화단에 들어서던 나는 담장 밑에서 커다란 쥐가 한 자리 죽어가는 것을 보았다. 저 혼자 약을 먹고 왔는지 어머니가 거기 내다버렸는지는 알 수 없으나, 잠시 꿈틀거리다 멎어버린 어둑한 꽃 덤불 속의 잿빛 주검은 열다섯의 내게 강렬한 인상을 남겼음에 틀림없다.

한나절 구더기가 들끓은 다음에는 비가 왔고, 다시 해가 나왔을 때에는 자국은 거뭇하게 오그라들어 있었다. 이렇게 그 여름의 며칠간, 나는 해바라기 잎사귀를 헤치고 들어가 한 주검이

흔적도 없이 무無로 화해가는 과정을 냉정하게 지켜보았다. 징그럽다는 느낌도 허무하다는 생각도 없었다. 다만 한 생명의 소멸 과정을 혼자서 온전히 목도했다는 비밀스런 느낌, 우리 삶의 그 근원을 알 수 없는 심연을 잠시 엿본 듯한 느낌이었다.

그 해 여름에는 집 근처 공터 풀밭에 드러누워 '통에서 함부로 쏟아져 나온 그림물감' 같은 저녁노을이 점차 잉크 빛으로 짙어져가는 것을 하염없이 올려다보며 많은 시간을 보냈다. 구름을 따라 아득하게 둥둥 떠가는 사이 광대한 우주 속의 한 점 티끌만도 못한 내 존재에 대한 인식이 처음으로 의식 속에 자리잡게 되었을까. 개학을 했을 무렵에는 훌쩍 키가 커져 있는 느낌이었고, 나는 더욱 애늙은이가 되어 있었다. 오랜 시간이 지나 ≪트리갭의 샘물≫을 처음 읽었을 때, 나는 그 여름의 몇 주일을 그대로 다시 사는 듯한 신비감을 맛보았다.

외로운 탓인가. 어머니는 살아내느라고 바빠 막내인 내게 제대로 해주지 못한 어미 노릇을 이제 와서 한탄한다. 어릴 적 소풍 한번 따라가준 적 없는 것도 이제 와서 안쓰럽고, 결혼식을 못 본 것도, 또 늙고 병들어 유독 막내딸이 낳은 외손주들만은 손수 키워주지 못한 것도 안쓰러운 모양이다. 나는 그런 어머니가 생경하다. 뜨거운 연민도, 실은 가여운 삶을 견디고 있는 내 어머니라는 한 개인을 향한 것이라기보다는 우리 모두의 덧없고도 질긴 목숨에 대한 것이다.

지나치게 왕성한 생명력에서 오히려 어떤 독기마저 뿜어져 나오는 듯한 여름 하오. 이런 날일수록 생명 있는 것의 무상함이 더욱 날카롭게 다가든다는 것은 묘한 일이다. 아직은 어떻게 살아야 할까를 좀더 생각해야 할 나이이면서도 어떻게 죽을 수 있을까를 부쩍 자주 생각하는 내 모습도 기이하다.

문득 모녀로서의 따뜻한 며칠을 위해서가 아니라, 어쩌면 다 꺼져가는 한 목숨의 냉정한 관찰자로서 여기 와 있는 게 아닌가 하는 자책이 스쳐간다. 다 꺼져가는, 그러나 도무지 꺼져주지 않는 끈길긴 목숨. 아무런 도움이나 위로가 되지 못한 채, 다만 주변의 죽음들이 내게 드리운 그림자나 헤아리고 있는 내 모습은 또 무엇인가.

어머니에게 당신이 원하는 진정한 평화와 안식은 언제나 와줄 것인가. 어차피 시간의 그물에 갇힌 늙고 병든 육신이다. 언젠가 육신의 굴레를 벗고 훌훌 자유로워질 때까지, 정신이나마 그 육신과 화해하여 다만 얼마간의 평화라도 얻을 수는 없을까.

아까 내린 소낙비가 조금 고여 있는 물웅덩이 위에 하루살이 떼가 엉망으로 뒤엉킨 채 낮게 떠 있다. 소리 없는 아우성. 시간이라는 천적과 대결이라도 하자는 걸까. 무성영화의 한 장면 같은 그 몸짓이 내겐 소름끼치도록 처절하게 감지된다.

잘 죽어지고자 하는 간절한 기도 끝에는 잘 살아야 하리란 막연한 해답이 남는다. 그러나 도무지 어떻게 사는 것이 잘 사는 것일지는 점점 더 자신이 없다. 나 자신의 살아가는—아니, 죽음에 다가가는— 모습도 냉정한 관찰자의 눈으로 저만큼 떨어져 지켜보게 될 것 같은 이 낯선 기분.

뜰에는 팔월의 뙤약볕이 이글거리는데, 죽음보다 삶이 더 두렵구나 하는 자각에 오스스 때 아닌 한기가 스쳐 지나간다.

# 거짓말하는 아이

글이 안 되어 마음 울울한 날, 서오릉에 갔다. 몇 해 전 어느 장편소설을 퇴고하다가, 주인공들이 걷는 서오릉 풍경이 내가 묘사한 것과 같은지 어떤지 답사 차 가보곤 처음이었다.

경내에는 고즈넉한 적요뿐 아무도 없었다. 아득한 내 유년이 깊은 우물처럼 고여 있다가, 너 또 와줬구나, 팔을 벌려 나를 안아들였다. 다옥한 솔숲을 따라 혼자 거닐어보았다. 조금 외롭긴 했지만 뭐, 그도 나쁘진 않았다. 내 발소리에 놀란 까치 한 마리가 눈을 털며 푸드득 저쪽 소나무 가지로 날아가 앉았다. 겨울 오후의 청명한 햇살이 옛 능의 순한 비탈에 시리게 쏟아져 내렸다. 여전히 소설 속 그대로구나 하는데 문득 한 수필가 선배가 떠올라 미소가 머금어졌다. 어린 시절을 부모 형제와 오래 떨어져 그토록 외롭게 자라난 줄 몰랐다면서, 선배는 안쓰러운 듯 내게 다정한 말을 건네왔었다. 서투른 글솜씨 때문이겠지만, 그는 내 소설도 수필처럼 읽은 것이다.

소설 속의 남자와 여자는 동숭동의 찻집을 나와 서오릉으로 드라이브를 간다. 이들을 드라이브시킨다면 어떤 동선이 자연스러울까 생각했을 때, 저절로 안국동과 독립문을 지나 서오릉 가는 지도가 그려졌다. 아니, 어쩌면 내 무의식은 서오릉의 보물찾기 추억과 작품의 한 줄기 사이에 어떤 필연적인 고리를 이미 계산해두고 있었는지도 모른다.

머나먼 서오릉.

내가 다니던 초등학교에선 해마다 서오릉과 백련사로 번갈아 소풍을 갔다. 소풍이라면 당시엔 으레 절이 아니면 능이었고, 걸어서 갈만한 거리엔 그 두 곳밖에 없었다. 한번은 상급생들이 서오릉에 가고, 한번은 하급생들이 서오릉에 갔다. 적어도 대여섯 번씩 서오릉에 다녀오기 전에는 아무도 졸업할 수가 없었다.

아침 햇살이 퍼질 무렵, 열을 지어 학교를 출발한다. 따가운 햇살을 등에 받으며 작은 다리로 좋이 두세 시간을 타박타박 걸어 점심때가 이슥해서야 겨우 능에 도착한다. 김밥을 까먹기가 바쁘게 보물찾기가 시작된다. 돌아갈 길이 멀기 때문에 모든 것을 서둘러야 한다. 어수룩한 내 눈엔 도통 보이지 않던 보물쪽지가, 나중에 보면 몇 번씩이나 헛되이 뒤지고 다닌 바윗돌 밑에 허술하게 놓여 있었다. 보물이란 아마도 애써 찾으러 다니면 눈에 보이지 않는가 보았다. 보물이란 볼 줄 아는 눈에만 띄기 위해, 의외로 가까운 곳에 숨지도 않고 번히 놓여 있는 건가 보았다. 땀 흘리지 않고 인생에서 무얼 공짜로 얻겠다는 기대는 하지도 말 것. 이런 엄정한 교훈도 어쩌면 그때 보물찾기를 하면서 어린 나에게 처음 새겨졌는지도 모른다.

보물찾기와 노래자랑이 끝나기 바쁘게, 이번엔 뉘엿뉘엿 넘어가는 저녁 햇살을 등에 받으며 다시 몇 시간을 타박타박 되짚어 걸어 돌아온다. 작은 발엔 물집이 생기고, 얼굴은 먼지와 땀으로 얼룩덜룩해졌다. 길은 갈 때보다는 조금 가까워진 듯도 하나, 풀섶의 들꽃은 아침나절보다 생기를 잃었다. 전혀 아무 보물도 못 찾는 것도 쉽지는 않은 일이었다. 상으로 받은 공책장을 화르르 화르르 넘기는 동무들 곁에서, 눈곱만큼도 부럽지 않은 체하느라 아이는 그게 더 힘들었다.

이제 그 머나먼 서오릉도 마냥 비대해지는 도시의 경계선 안으로 들어와 가까워진 지 오래였다. 이따금 근방을 지나다가 서오릉이란 도로 팻말을 볼 때마다 못내 아쉽던 어린 날의 보물찾기를 언제고 소설 속에 꼭 한번 엮어 넣고 싶었다.

왜 이제 와서 구태여 소설인가. 그리하여 점점 더 불행한 감옥 속으로 스스로를 던져 넣게 되었는가. 곰곰 더듬어 들어가 보면 궁극엔 허구, 그러니까 거짓말의 문제가 남았다. 그것은 오래 전의 어느 겨울 저녁 몇 겹으로 도시를 에워싼 비밀스런 안개의 장막 속에 떨며 갇혀 있던 기억과, 어느 잔인한 봄날

살매 들린 바람에 머리채를 뒤흔들며 내지르던 버드나무의 비명소리와, 폭양이 이글거리는 한여름 날의 골목 안에서 노란 원피스를 입은 어린 계집아이의 머리통이 자기를 싣고 온 이삿짐 트럭 바퀴에 깔려 수박덩이처럼, 그렇다, 마치 땅에 떨어진 수박덩이처럼 퍽, 하며 으깨지는 장면을 목격하던 순간의 충격과, 그리고 서로 무관한 그런 낱낱의 사소한 기억들과 순간들이 내게 불러일으킨 무질서한 상념의 구슬들을 맥락이 통하는 그 무엇으로 목걸이처럼 한 줄로 일매지게 꿰어보고 싶은 욕망 때문이다.

십일월 아침 찰카닥거리는 엿장수 가위소리를 들으며 마룻바닥에 앉아 포실한 양광을 쪼이고 있을 때 지금껏 이미 수십 번도 더 들은 브람스의 랩소디가 문득 가슴을 치며 내게 새삼스레 불러일으킨 바닥 모를 비애와, 같은 날 저녁 장바구니를 들고 네거리에 서 있을 때 목에 맨 줄을 땅바닥에 질질 끌며 사람과 자동차의 물결을 거슬러 차도를 거꾸로 하염없이 걸어가던 집 잃은 복슬개의 처연하고도 고집스런 뒷모습, 그리고 그때 "아!" 하는 아픈 탄성을 내지르며 일제히 한 방향으로 고개를 틀어 그 개의 잔등을 지켜보고 섰던 행인들의 가슴속을 휘불어 지나갔을 각자의 생에 대한 섬광과도 같은 통찰…… 같은 것들을 언어의 뜰채로 포획하고 확대 재생산하여 정교하게 쌓아올린 벽돌처럼 아귀가 딱 맞는 하나의 의미망으로 한 스토리 라인 위에 구축해보고 싶은, 그리곤 이를 곧 다시 해체

해버리고 싶은 허무한 욕망의 소산인 것이다.

그리하여 나는 내용의 사실성 여부를 떠나 모든 소설은 자전적이라는 말을 비로소 이해했다. 공상과학소설조차도.

책읽기를 좋아하는 아이들이 대개 그러하듯, 어린 날의 나도 막연히 글쓰기에 대한 꿈을 품었었다. 그때의 글쓰기란 곧 소설을 뜻했다. 그 꿈과 미련 없이 결별한 것은 고등학교에 들어가 수필이란 장르를 만나면서였다. 그리고 나는 한번도 뒤돌아보지 않았다. 있는 그대로의 나를 드러내 보이는 장르가 훨씬 마음 편했고, 솔직한 내 기질에 더 맞는다고 느꼈다. 그런데도 내 수필이 가장 많이 들은 평이 '소설적'이란 말이었다는 점은 적이 흥미롭다. 나는 '수필적 허구'란 말을 믿지 않는 사람이며, 내 기억이 허락하는 한 내가 쓴 글 속의 일들은 모두 사실 그대로였는데도 그랬다.

언제부터였을까. 솔직한 자기 고백 장르인 줄만 알았던 수필의 안온한 울타리 안에서, 내가 남들도 다 하는 뻔한 얘기만 잔뜩 늘어놓고는 진실로 내가 중요하게 생각하고 진실로 내가 하고 싶은 말들에 대해서는 굳게 입다물고 있다는 자각이 나를 괴롭히기 시작했다. 있는 그대로의 내가 생생하게 드러나는 스냅 사진을 찍고 싶었는데, 어쩌다 보니 얌전하게 치장하고 사진관에 가서 앉아 있는 자신을 발견할 때의 몹시 싫은 느낌이라고나 할까. 나는 사실이 아닌 것은 말하지 않았다. 그러나

해서 무방한 적당한 선까지만 말해왔다. 절반의 진실은 거짓보다 더 나쁘며, 결과적으론 가장 진솔해야 할 장르를 견딜 수 없이 갑갑하고 답답한 허위의 성채로 만드는 데 일조하고 있다는 자각은 자괴스럽기 그지없는 것이었다. 나는 나 자신이 아닌 그 누구에게 잘 보이고자 눈치를 보는 것이었을까?

내 기억이 가 닿는 가장 어린 날부터 지금까지 줄곧, 내 의식은 상식과 통념이 가리키는 방향과는 전혀 다른 방향을 바라보기 좋아하는 내 안의 나 때문에 자주 균열을 일으켜왔다. 동시에 나는 일상을 가지런하게 정돈하기 좋아하는 사람이기도 해서, 대개는 '나는 그렇게 생각하지 않는다…….'고 입속말로만 중얼거리고는 그냥 가만히 있어버리곤 하였다. 만일 내 안의 분방한 열정과 욕망을 좀더 적극적으로 따라갔더라면 지금쯤 나는 훨씬 더 창조적이고 더 사랑할만한 사람이 될 수 있었을 것이다.

수필 속에 안주해 있는 오랜 시간 동안 나는 이깟 글, 쓰면 뭐하나 하는 회의 때문에 자주 괴로웠다. 활자로 옮겨지는 순간 이미 김 빠지고, 빛 바래고, 식어 버리는데. 차라리 그 순간을 물고기처럼 펄펄 뛰며 백 퍼센트 생생하게 '사는' 것이 훨씬 더 중요하지 않은가 하는 회의였다. 그보다 나를 더 괴롭힌 것은 좋은 수필을 쓰기엔 내 머리 속에 든 것이 너무나 적고 내 인식의 경계가 너무 옹색하다는 열패감이었다. 그러니까, 실은 장르 자체의 문제가 아니라 내 그릇의 문제였을 것이다.

프랑스의 닭 사육장에서는 닭의 눈에 붉은 색의 콘택트 렌즈를 삽입한다고 한다. 가금류에게 붉은 시각 보조 기구를 착용시키면 공격성이 감소되고 공황 성향도 억제되어 양처럼 순해진다는 것이다. 붉은 조명을 밝힌 사육장에서도 행복하게 잘 지내고, 도살장에 갔을 때도 심리적 평온을 유지하여 육질도 더 좋아진다던가. 때로 나는 그러잖아도 낙천적인 기질의 내가 사육장의 닭처럼 붉은 렌즈를 끼고는 인생을 비겁하게 장밋빛으로만 바라보려 기를 쓰고 있는 듯이 여겨지곤 하였다. 닭과 차별되는 점이라면 사람인 나는 자신이 애써 붉은 안경을 끼고 있다는 사실을 인식한다는 정도일까.

내가 소설로 들어가는 입구를 발견하기까지엔 한동안 시력을 잃고 막막한 절망감 속에 삶의 이면을 대결하듯 집요하게 응시하는 기간이 필요했다. 애써 사물의 전면, 밝은 면만 보려 하고 삶의 모순과 비루함에 대해서는 짐짓 눈을 감고 지나가거나 서둘러 덮어버리기 일쑤였던 내게, 실존적 인간으로서의 나와 내 이웃들의 존재의 극한까지 파들어 가보고 싶은 열망이 솟구치기 시작한 것이다. 그리고 이를 가능케 해준 것은 물론 소설의 허구성이다.

마음껏 허구를 쌓아올릴 수 있는 소설 작업을 통해 오히려 진실에 더 가까워질 수 있다는 것은 참으로 아이러니컬하다. 누군가의 시구처럼 내게도 지나간 것이 많았으며, 나도 한 일보다는 하지 않은 일에 대한 회한이 더 많아지는 나이에 이르렀기 때문에 더욱 그러하다. 일상을 간추리느라 바라만 보며 그냥 떠나보낸 안타까운 시간들을 허구 속에서 다시 불러와 재구성해보는 일은 고통스럽고도 충만한 자유를 준다. 그런 과정 중에 나는 어린 시절 내가 꽤나 맹랑한 거짓말쟁이였다는 사실을 상기해냈다. 그 발견은 마치 내가 뒤늦게 만난 이 장르를 제법 잘 다스려갈 도구를 진작부터 손에 쥐고 있은 듯한 착각을 맛보게도 한다.

내 기억 속의 가장 오래된 거짓말은 어머니에 대한 것이다.

옆집 훈이네 집에 놀러갔다. 훈이 엄마가 "엄마 잘 계시지?" 하고 지나가는 말로 묻는다. 나는 괜히 그래야 할 것만 같아 엄마가 하지도 않은 인사를 전한다. "네. 저희 엄마도 아줌마께 안부 전해드리라고 하셨어요." 아줌마는 기뻐하면서 "아유, 고맙기도 하지. 너도 엄마께 안부 꼭 전해다오" 한다.

나는 그때 갓 일 학년, 일곱 살이었다. 고작 일곱 살짜리가 왜 구태여 하지 않아도 되는, 한편 생각하면 몹시 어른스런 이런 거짓말을 했을까? 나의 어머니는 매우 경우 바르고 사리 판단이 명철한 분이긴 했지만, 라디오 연속극에 나오는 서울 엄마들처럼 교양 있는 분은 아니었다. 혹시 나는 엄마가 했으면 좋았겠는 말로 엄마를, 그리하여 그 딸인 나 자신을 포장하려던 건 아니었을까?

일 학년 첫 소풍날엔 비가 왔다. 학교 터를 닦을 때 쫓겨난 구렁이가 눈물을 흘리기 때문이었다. 서오릉에 가면 안 따라

갈 것인데 교실에서 점심만 먹고 돌아온다니 같이 가주는 거라면서, 엄마는 남의 속도 모르고 생색을 냈다. 마흔 셋에 나를 낳은, 쪽을 진 엄마는 퍼머 머리 젊은 서울내기 엄마들 틈에서 할머니처럼 늙고 또 참을 수 없이 당당했다. 그러잖아도 예쁜 옷 입은 애들만 예뻐하는 총각 선생님에게, 다른 엄마들이 가져온 보드라운 카스텔라를 먹기만도 바쁜 선생님에게 이가 부러질 듯이 딱딱한 찐 우유를 자꾸 권하는 엄마가 죽도록 부끄러워, 나는 그만 교실 마룻장 밑으로 꺼져 들어가고만 싶었다.

바로 곁에 있을 뿐더러 '기린 몸뚱이에 박힌 검은 점들처럼' 너무나 늠연하고 확실하게 존재하는 어머니는 내가 어찌해볼 도리가 없었다. 나는 대신 네 살 때부터 부재하는 아버지에 대한 신화를 꾸며내기 시작했다. 아버지는 내가 동무들에게 그럴싸하게 지어낸 이야기들 속에서 오디세우스가 되었다. 이를테면 젊은 날 유학했다는 일본 어느 도시에서 혹은 미국이란 멀고 아름다운 낙원에서, 나의 아버지는 온갖 고난과 멋진 여인들의 유혹을 물리치고 사랑하는 딸들과 당신의 꿋꿋한 페넬로페에게 귀한 선물을 한아름 안고 돌아갈 날을 고대하며 유학 중이거나 사업 중이었다. 어떤 버전 속에선 아버지는 막내딸이 그 적막한 눈빛 때문에 가슴 저려하며 좋아한 텔레비전 외화 ≪도망자≫의 데이비드 존슨처럼, 짓지도 않은 죄 때문에 저무는 길을 따라 끝없이 쫓겨다니는 도망자가 되기도 했다.

그러나 나는 본질적으론 고지식할 정도로 정직한 아이, 결곡하고 점잖은 선비였다는 아버지의 딸이었다. 또한 어머니가 귀가 닳도록 주지시킨 바 절대로 '아비 없이 자라나서 저런다'는 말을 들어서는 안 되는 아이였으므로, 환상적인 하얀 거짓말은 몰라도 까만 거짓말은 거의 한 기억이 없다. 무엇보다도 나는 한번 한 거짓말을 지탱하려면 끊임없이 새 거짓말을 지어내야 하며, 그것은 극도로 피곤하기만 할 뿐 별로 수지타산이 안 맞는 일이란 걸 일찌감치 깨우쳤던 것 같다. 아니면 나는 침묵함으로써 거짓말을 하지 않고도 진실을 에둘러 가는 '편법'을 찾아낸 것이었을까?

까만 거짓말은 하지 않는 '정직한' 내가 언니가 한 학기 내내 애써 수놓은 고운 책상보를 훔치게 된 것은 반장으로서의 어쩔 수 없는 책임감 탓으로 돌려야 한다. 4학년 2학기 어느 날, 밤새 교실을 다녀간 도둑이 학년 초에 부반장 어머니가 사다준 책상보도 훔쳐가 버렸다. 도둑이 빨랫줄에 널어놓은 옷가지까지 걷어가던 시절 얘기다. 어머니는 이미 그 며칠 전의 소풍 때에도 담임교사 도시락은 반장 어머니가 챙겨야 한다는 것도 몰라 나를 곤란에 빠뜨린 바 있었으므로, 어머니에게 책상보 살 돈을 타낼 가능성은 전혀 없었다. 점심시간에 부반장 어머니가 허둥지둥 찾아와 "선생님 도시락은?" 하고 물었을 때, 나 역시도 아무것도 몰랐던지라 "무슨 도시락이오?" 하고 되물으며 말똥말똥 쳐다만 보았던 것이다.

하느님이 보우하사 때마침 언니는 책상보를 완성했다. 정성껏 풀 먹여 다린 다음 학교에 가져가 검사도 마쳤다. 낡은 책상 위에 덮기엔 차마 너무 아깝지 않냐고 언니가 자신의 솜씨를 찬탄하며 황홀해했을 때, 동생은 엄숙하게 고개를 주억거리며 동의했다. 그렇게 해서 언니가 보자기에 싸서 호마이카 장롱 깊숙이 넣어두었던 색 고운 책상보는 연기처럼 감쪽같이 사라져버렸다. 언니는 울며불며 사방을 뒤졌지만 반듯하고 의젓한 막내를 감히 의심하는 사람은 없었다.

오랫동안 나는 파편으로 흩어져버리는 사념과 기억들을 최대한 종이 위에 붙잡아 두려는 가냘픈 욕망을 통해 유한한 시간을 거스르고자 해왔다. 그러다간 그 반동으로 삶 쪽으로 확 기울어, 어쭙잖은 글 대신 매 순간 순간 두 눈을 부릅뜨고 살아 있기를 열망하기도 했다. 이제 현실에선 존재하지 않거나 존재하더라도 서로 만나질 리 없는 시공간과 인물들을 내 상상력과 변덕이 가는 대로 이리저리 짜깁기해보면서, 시답잖으나마 소설 쓰기를 통해 여러 생을 살아볼 수 있기를 희망한다.

어차피 모든 길을 다 걸어가 볼 수는 없는 일이다. 또 끝까지 다 걸어가 보지 않아도 그 길 끝에 무엇이 있는지 꿰뚫어 보이는 나이에 내가 다다라 있기도 하다. 타고난 낙천성 위에 장밋빛 렌즈까지 끼고 바라보던 세계를, 이제는 현미경을 들이대고 그 이면의 미세한 균열과 심연까지 냉엄하게 읽어내도록 자신을 단련하고 싶다. 그것이 현실에선 점점 더 불행한 감옥

속에 자신을 가두는 일이 될지라도.

제임스 조이스는 ≪젊은 예술가의 초상≫에서 의미심장하게도 신화 속의 저 유명한 장인匠人의 이름을 부여한 예비작가 스티븐 디덜러스를 통해 이렇게 말한다－ "……예술가는 창조의 신(神)처럼 자기가 만드는 작품의 내면이나 이면 혹은 그 위나 초월적인 곳에 남아서, 남의 눈에 띄지 않은 채 스스로를 순화하여 사라지게 한 다음 초연히 손톱이나 깎고 있는 거야……."

소설처럼 읽히는 수필과 수필처럼 읽히는 소설 사이를 오가면서, 어느 부분이 소설이고 어느 부분이 수필인지 애초 불가능한 체질을 하고 싶어하는 독자들을 향해 가끔은 수줍고도 뿌듯한 회심의 미소를 지어도 좋을 것이다.

# 집 1

이사를 하였다. 굳이 '서울특별시민'이 아니라도 좋으니 어딘가에 내 집이 있지 않을까 한참 돌아다니다 포기하고, 전에 살던 곳 뒤쪽에 있는 좀더 허름한 아파트를 2년 계약으로 얻어 들었다. 5층짜리 낡은 아파트인데다 큰길에서 한참 들어와야 하는 까닭에 시세는 많이 떨어진다는데, 짐을 대충 정리해놓고 보니 그다지 나쁘지만은 않다. 평수를 더 줄여온 것인데도 저층 아파트라 그런지 방은 오히려 한 칸 늘었고, 내 잡다한 살림살이를 감추어둘 공간도 다소 넉넉한 편이다. 아침저녁 바쁜 시간에는 큰길이 좀 멀게 여겨지긴 해도, 대신 그럴싸해서 그런지 공기는 조금 더 맑아진 것 같다.

베란다에 서면 아파트 바로 뒤쪽의 야산이 마주 바라보인다. 자세히 보니 아카시아 숲이다. 내년 5월이면 아카시아 향기가 어쩌면 우리 거실까지도 날아오지 않을까, 작은 기대에 설렌다.

3층 맨 끝인 우리 집 바로 아래로는 놀이터가 있다. 옆에서서 주위를 둘러보던 딸아이가 "똑같네!" 하며 좋아한다. 남편의 미국 유학시절 우리가 살던 기혼자 아파트의 놀이터와 똑같다는 것이다. 그러고 보니, 페인트가 조금씩 벗겨진 놀이기구며 손질이 덜된 주위 관목 등에는 아이가 태어나 몇 년을 살았던 옛 학교 아파트의 놀이터를 연상시키는 편안함이 있다. 근이는 자기가 태어나 유치원에 들어갈 때까지 살았던 그곳에 대해 유다른 그리움을 지니고 있는 모양이다. 하긴 방문만 열면 비슷한 또래의 동무들이 우르르 몰려다니는 곳이었으니, 아이가 자라나기에는 더없이 좋은 환경이었다고도 할 수 있다.

결혼하면서부터 신청한 기혼자 아파트는 여섯 달을 기다려서야 차례가 왔다. 우리의 방은 6층 맨 꼭대기였는데, 화장실만 따로 있을 뿐 작은 공간에 침실 겸 거실, 그리고 부엌이 함께 있는 원룸이었다. 살림이래야 한쪽 벽을 가득 채운 책과, 이제 하나만 더 사들이면 자기가 대신 자리를 비켜주겠노라고 그가 위협해대던 열두 개의 화분이 전부였지만, 6층 시대의 내 마음은 그래도 늘 넉넉하였다. 책상이기도 한 식탁에 마주 앉아 밤늦게 리포트를 쓰다 지치면 우리는 파바로티를 들으며 함께 라면을 끓여 먹었다. 이곳에는 더블베드 대신 1인용 트윈베드가 두 개 놓여 있었는데, 나는 내 자리를 두고 굳이 그의 옆에 모로 누워서는 떨어질까 봐 어깨를 꼭 껴안고 잠들곤 했다.

첫아이가 태어나면서 거실과 침실이 따로 있는 2층의 좀더 넓은 방으로 승격하여 내려왔다. 궁궐처럼 넓어만 보이던 공간도 이내 아이의 장난감과 기저귀로 가득 차고 말았지만, 이야기 속의 메추라기 어미처럼 내 눈에는 예쁘기만 한 아이의 사진을 찍어대며 나는 아직 행복하였다.

둘째가 태어나고 놀이터 바로 옆의 방이 두 개 달린 더 넓은 곳으로 내려오면서 나는 우울해졌다. 언제까지 이곳에 살아야 할 것인가. 그는 왜 이렇게 느긋한가. 오랜만에 만나는 사람들이 무심히 건네는, 아니, 아직도 거기 사느냐는 인사말에 나는 남모르게 자존심이 상했고, 이런 인사를 그렇게 오랫동안이나 받게 만드는 그가 밉고 야속하였다.

모처럼 한가한 저녁 무렵이면 나는 그에게 함께 산책을 나가자고 졸랐다. 내가 생각하는 결혼 생활의 행복이란 옆집 아내의 값비싼 목걸이도 호화로운 외식도 아니었고, 바쁜 일상 중에도 그저 이따금 손을 잡고 거닐며 나무와 하늘과 노을을 함께 바라보는 작은 마음의 여유 정도였지만, 별 볼일도 없이 아내에게 이끌려 걸어다니다 들어오는 것이 영 싱겁기만 하다는 멋없는 그는 나의 이런 청에 늘 인색하였다. 그를 텔레비전 저녁뉴스나 스포츠 중계에 빼앗기고 나면 나는 아이들을 데리고 나가 캠퍼스를 거닐었다. 보랏빛 꽃이 흐드러지게 피는 자카랜다 나무 밑에 앉아 홀로 노을을 바라보노라면 가슴속으로 간간이 서늘한 바람이 지나가는 것이었다.

사람들은 어떠한 기대와 꿈을 안고 결혼을 하는지 나는 알지 못한다. 결혼을 나이가 차면 누구나 거쳐야 하는 과정이라고도, 또 두 사람이 함께 사는 데에 반드시 필요한 형식이라고도 생각지 않았던 나는 그저 누군가를 향해 눈이 멀어봤으면 하는 소박하면서도 당찬 꿈이 있었고, 그가 나타나 정말 눈이 멀어졌을 때 뒤도 안 돌아보고 결혼으로 달려갔다. 마르크시즘이니 인권이니 하는 내가 잘 이해할 수 없는 학문을 하는 그에게는 당시 어딘가 우국지사적인 면모가 있었고, 나는 양심수의 아내가 되어 옥바라지를 하는 나의 모습을 감미롭고 낭만적인 것으로 그려보곤 하였다. 이제는 한낱 쓸쓸한 생활인의 하나일 뿐인 그에게서 언뜻언뜻 그때의 모습을 발견할 때면, 나는 안도감과 동시에 일말의 아쉬움으로 가슴이 아리는 것이다.

아직도 그 주소냐, 학생 아내 노릇이 참 고달프겠다는 인사를 또 받고 그를 향한 미움이 지글지글 끓어오를 때면 나는 차를 몰아 태평양 바닷가를 달렸다. 각자 자신의 일을 열심히 하면서 한 곳을 바라보며 나란히 걸어가는 것이 결혼이라고 생각했던 나는, 나의 일이 우리의 생활 수단이 되었음을 깨달았을 때 적지 않은 갈등을 느꼈다. 부부 사이도 결국 물질을 포함한 많은 것을 서로 주고받는 관계일 뿐인가. 그저 무조건 그의 아내가 되고 싶었던 내가 어느 순간 혹 내가 손해보고 있는 것이나 아닌가 생각되자 문득 억울한 느낌이 들었고, 이런 계산에 눈뜬 자신이 나는 당혹스러웠다. 내가 그로부터 받고 싶은 것이란 실은 이기적이라도 좋으니 그가 주변사람들은 그만 챙기고 좀더 자신의 공부에 몰두한 모습을 보여주는 것, 그리고 때로 노을이라도 함께 바라보는 시간이 내겐 왜 그리도 중요한가에 대한 이해와 배려 정도에 지나지 않았음에도.

기혼자 아파트에서의 여덟 해는 그러나, 대체로 행복한 것이었다. 남편은 무뚝뚝한 겉모습에 비해 속이 퍽 따뜻하고 자상한 사람이었고, 다감하고 엉뚱한 데가 있는 아내의 기질을 잘 이해는 못하는 대신 그 아내가 혼자서나마 저 하고픈 대로 할 수 있게 하는 자유에 드물게 너그러웠다. 무엇보다 우리는 아직 젊고 순수하였고, 막연하나마 꿈이 있었다. 또 지금껏 따뜻한 유대를 갖고 있는 좋은 이웃을 많이 얻은 것도 빼놓을 수 없는 기쁨이었다.

이따금 근이는 "엄마, 생각나요? 분수가로 산책 나갔다가 생쥐 인형 잃어버린 것? 새로 선물받은 생쥐였는데. 회색 털이 얼마나 보드라웠다고……" 하며 애석한 얼굴이 된다. 분수대 주변의 잔디밭을 샅샅이 뒤지고도 못 찾자 끝내 울음을 터뜨리는 아이를 달래며, 나는 어릴 적 둠벙에 빠뜨린 색동 고무신 한 짝을 아프게 떠올렸다. 아이는 또 주넬의 생일 파티에 갔을 때가 생각나느냐며 웃기도 한다. 주넬은 겨우 만 세 살짜리답지 않게 의젓하던 아이의 흑인 친구였다. 생일 선물로 미키마우스 칫솔세트를 사줬는데, 방금 제 손으로 주고 나서는 선물을 풀 때 근이는 어찌나 "내 거야! 내 거야!" 하며 울어대던지난 참 혼이 났었다. "그런데 주넬은 산디에고로 이사 가버리고 말았지……." 하는 아이의 목소리엔 만 두 살 반 때의 상실감이 그대로 묻어 있다.

어릴 적의 근이는 고집이 세고 잘 토라지는, 귀염성이 적은 아이였다. 모녀라기보다 기분이 잘 통하는 친구와도 같은 딸을 꿈꾸었던 나는, 아이의 고집을 다스리다 지치면 상대가 겨우 대여섯 살 난 아이라는 것도 잊고 미워하며 화를 내곤 했었다. 이제 제법 철이 들어 때로 사근사근한 말동무가 되기도 하는 아이는 우리가 함께 바라보았던 이웃 원형 경기장의 불꽃놀이와 노을을 얘기하여 나를 놀라고 기쁘게 한다. 엄마, 생각나세요? 내 생일에 엄마가 인형극 해줬던 것. 또 엄마 도서관으로 마술쇼도 보러 갔었지. 까만 소맷부리에서 색색가지 손수건이 끝도 없이 나오는 거야. 내가 목욕탕 문을 쾅 닫아버려서 영이 손가락 꿰맸을 때 기억나요, 엄마? 혼날까 봐 참 무서웠는데 엄마는 왠지 야단도 안 치고 울면서 날 안아주었어…….

아래를 내려다보던 아이가 "엄마, 그때 바닷가에 놀러 갔다가 모래삽 잃어버리고 왔었지. 분홍색 모래삽." 하더니 제 동생을 불러 놀이터로 달려나간다.

사랑한다는 것은 무엇인가. 부부 사이건 모녀 사이건 어쩌면 그것은 따뜻한 기억을 보다 많이 공유하는 것, 바로 그것인지 모른다. 항상 동동거리고 다니느라 남의 손에 키우다시피 한 아이, 때로 내 나이의 어른이기나 한 것처럼 실망하고 화를 냈던 아이가, 그곳에서의 나의 갈등을 알 리 없는 채로 따뜻하고 아름다운 기억을 더 많이 간직해주었다는 것은 얼마나 고마운 일인지 모르겠다. 이제 굳이 더 허름하고 비좁은 곳으로 이사와야 했던 어른들의 사정은 알지 못하는 채, 아이는 전학을 안 해도 되고 또 자기가 그리워하는 어린 시절의 놀이터와 꼭 같은 곳인 것만이 기쁜 모양이다.

모래 장난을 시작한 아이들을 내려다보다가 뒷산께로 눈을 옮긴다. 나무 그림자가 거뭇해지며 저녁이 다가오고 있다. 이제 막 이삿짐을 푼 곳 같지 않게 이상스레 마음이 안정된다. 어쩐지 이곳에서의 2년 동안 더러 좋은 일이 일어나줄 것만 같은 예감이다.

어서 5월이 되었으면 좋겠다.

# 집 2

학교 아파트를 나오면서 우리는 집을 샀다. 너희 주변으로 어느 세월에 집 한 칸 마련하겠느냐고 언니들이 돈까지 빌려주며 채근하기도 했지만, 이제 와서 새삼 월세 아파트를 전전하기는 싫다는 오기 같은 것이 내게 생겨났던 것이다. 빠듯한 예산으로 가까스로 구하게 된 집은 고만고만한 작은 집들이 이웃하고 있는 한적한 교외에 있었다.

맨 처음 그 집을 보았을 때의 느낌은 참으로 을씨년스러운 것이었다. 줄곧 세를 놓다가 몇 달째 비어 있었다는 집 뜰에는 무릎까지 자란 잡초가 무성하였고, 마침 늦가을이라 현관 앞에는 낙엽이 날아와 수북이 쌓여 있었다.

그러나 사람과의 만남처럼 집과의 만남에도 어떤 인연이 있는 모양이다. 형편없이 낡은 카펫과 곰팡이가 슨 욕조, 또 손만

닿아도 부스스 삭아 바스러지는 낡은 커튼에도 불구하고 나는 왠지 그 집에 자꾸 마음이 끌리는 것이었다. 훌쩍 높은 나무로 된 천장부터 우선 마음에 들었고, 햇살 환한 실내와 넓고 네모 반듯한 뒤뜰 또한 좋았다. 무엇보다 내 마음을 사로잡은 것은 '넓은 잎새'라는 이름의 집 앞 길이었다. 큰길에서 알맞게 들어온 골목에 담쑥 안기듯 들어앉은 이 하얀 집 앞으로는 터널처럼 맞닿은 큰 나무들이 양쪽에 주욱 늘어서 있어서, 나중에 놀러온 친구들이 꼭 동화속에 나오는 집 같다고 한 말이 제법 잘 어울리던 것이다.

앞으로 동서남북 어느 곳에 살게 될지도 알 수 없는 터에 그렇게 무리해서 꼭 집을 사야 하느냐고 남편은 내내 시큰둥해 하였다. 마지못해 이끌려 와서 한번 휙 둘러보고는 "거 참, 낙엽 쓸려면 골치 깨나 아프겠군!" 하며 나무를 치어다보는 것이지만, 내 귓가엔 '낙엽을 태우면 커피 볶는 냄새가 난다'라고 한 이효석의 글귀가 자꾸 맴도는 것이었다.

주소가 바뀌었다는 소식에 먼저 그의 친구들이 달려와 기뻐해주었다. 조경업을 하는 친구가 와서 집들이 선물이라며 앞뒤 뜰을 말끔히 손질해주고 가자, 또 다른 친구들이 여기서 어떻게 아이를 기르냐며 카펫을 새로 해줬다. 어떤 친구는 냉장고에 커다란 TV, 또 램프와 벽에 걸 그림까지 실어왔고, 집을 소개한 복덕방으로부터는 카펫에 잘 어울리는 소파를 얻었다. 언니가 사준 옷장에, 막내언니가 서울서부터 보내온 흰색과 복숭아색의 레이스 커튼까지 겹으로 달고 나니, 지붕과 그 밑의 사람만 우리 스스로의 것일 뿐 모두가 얻은 것이었다. 해도 너무 했구나 싶어 우습기도 하고 부끄럽기도 한 게 도무지 마음이 편치 않았지만, 그가 주위의 이런 도움을 "고맙다"는 함축적인 짧은 한마디로 떳떳하게 받아들이는 것이 나는 차라리 보기 좋았다.

이삿짐을 옮겨놓고 남편은 서울로 떠났다. 그가 십년 세월을 바친 학문은 단지 좋아서, 그리고 일단 시작했으므로 끝을 맺기 위한 것일 뿐, 어차피 현실적 보람이 되어 돌아올 기대란 하기 어려운 분야였다. 그런데 막상 공부가 끝나고 보니 내가 더 허전해지는 것이었다. 그가 자신이 좋아하는 분야에서 일하는 것을 지켜봄으로써 일종의 대리 만족을 얻고 싶었던 것일까. 나는 나중에라도 미련과 후회가 없도록 그에게 스스로 원하는 것을 선택할 시간을 주고 싶었고, 그렇게 해서 우리는 학기 중에는 헤어져 있다가 방학 두 달간은 다시 만나곤 하며 두 해를 지내게 되었다.

그곳 생활이 언제나 그렇긴 했지만, 아마도 그가 떠난 처음 한두 달만큼 정신없이 보낸 적도 없을 것이다.

아침에는 법석을 부리며 두 아이를 챙겨 각각 학교와 유아원에 데려다주고 출근한다. 학교가 파하면 큰아이는 같은 반 동무네 집에 가서 늦도록 지내고, 나는 유아원이 문을 닫는 여섯시까지 대어가기 위해 복잡한 퇴근길에서 늘상 안절부절

못하였다. 직장인 도서관은 저녁과 주말에도 문을 여는 까닭에 이때에 아이들을 봐줄 도움은 또 딴 데서 구해야 했다. 먼 거리를 달려와 아이들을 또 다른 곳에 데려다주고 다시 돌아가 저녁 근무를 한다. 잠이 든 아이들을 깨워 집에 올 때쯤이면 밤 열시도 되고 열한 시도 되었다. 뜰에는 한번 내려서보지도 못한 채 한 주일이 지나가고, 아이는 날마다 남의 집에 가서 지치도록 놀아야 하는 게 싫어 매양 골난 얼굴이었다.

부부가 잠시라도 떨어져 있게 되면 대개는 남편이 평소엔 미처 몰랐던 아내의 소중함을 새로이 깨닫게 된다 하였다. 그러나 내게는 그가 우리 모두에게 얼마나 든든한 바람벽이었던가, 내가 얼마나 그에게 의지하며 살아왔던가, 새삼스레 깨닫는 시간이 되었다. 그는 내게 무엇인가. 또 나는 그에게 무엇인가. 결혼과 부부와 가족의 의미를 되새겨보며, 나는 서로의 거리를 재어볼 수 있는 이 고적한 시간에 진정 감사하였다. 사랑한다는 말이 영화 속에서처럼 남용할 것도 아니지만, 또 나 같은 평범한 아내라도 그리 못 써볼 말도 아님을 이때 처음 배웠다.

그의 부재에도 서서히 익숙해질 만하면 방학이 와주었다. 아이들은 아빠의 양팔을 하나씩 잡아당기며 좋아 날뛰고, 나는 왠지 쑥스럽고 서먹하기까지 하여 부러 멀찌감치 서 있는데, 그는 한 이틀 출장이나 다녀오는 듯 싱긋 웃으며 "수고했어." 한다. 집에 들어서면 그는 옷을 갈아입기 바쁘게 뒤뜰로 나간다. 나뭇가지를 친다, 잡초를 뽑는다 하며 부산하게 움직이는 뒷모습을 바라보노라면 가슴 가득 행복이 번져오고, 내가 집을 사자 할 때 그렇게 볼멘소리 하던 사람이 누구더라? 한마디 꼬집어주고 싶은 것을 꿀꺽 삼켜버린다. 여기저기 금간 데며 헐은 데도 손보고, 벽난로에 지필 장작까지 그득 쌓아놓고 나면 다시 개학이 다가오는 것이다.

'넓은 잎새길'에서의 두 해 동안 가장 가슴 꽉 차도록 좋았던 시간은 아마도 서울로 돌아오기 직전의 반년간이었을 것이다. 부동산에 내놓으면서 집은 안팎으로 새로이 단장되어 산뜻하였고, 정신없이 동동거리던 아이들과의 생활도 자리가 잡혀, 아침에는 커피라도 한 잔 끓여 마시고 나갈 만한 마음의 여유가 생겼다.

뒤뜰 한구석에는 전의 주인이 버리고 간 녹슨 그네가 하나 있었는데 아이들은 이곳을 '우리 놀이터'라고 부르며 좋아하였다. 부엌 창으로 그네 타는 아이들 모습을 내다보며 저녁 준비를 하면서, 나는 "비가 내리는 이 거리에/눈물로 남은 이름이여……" 하는 어느 여가수의 애절한 노래를 목청껏 불러댔다. 유행가 속의 서글픈 사랑 때문일까 왠지 내 눈에는 눈물이 그렁그렁 고이고, 서울의 남편을 향한 것인지 이름 모를 그 누군가를 향한 것인지 알 수 없는 막연한 그리움으로 가슴마저 얼얼해지는 것이지만, 이런 저녁의 고적함까지도 나는 사랑하였다.

햇살이 거실 깊숙이까지 들어오는 화사한 휴일 오후, 나는 때로 벽에 등을 기대고 쪼그리고 앉아 한참씩 손바닥을 들여다보곤 하였다. 햇살 속에 손을 내밀고 쥐었다 폈다 하면서 손바닥에 뭔가 남아 있는 것이 보이는지 자꾸 들여다보는 것이다. 넓은 세계에 대한 막연한 꿈과 모험심만으로 떠나와 이제 다만 누군가의 아내와 어머니로서 돌아가는 나의 모습이 때로 너무 허무하던 것이다. 내 파아란 젊은 날들이 손가락 사이로 주르르 다 빠져달아나난 듯한 허망함. 이렇게 돌아갈 줄 알았더라면 다르게 살았을 것을 하며, 항상 열심히 살아왔다고 믿었는데도 마땅히 보여줄 만한 무엇 하나 남은 것 없는 듯한 내 모습이 눈부신 햇빛 속에 부끄러운 것이다.

그러나 나는 마음을 추슬렀다. 어차피 우리 삶이란 굳이 무엇을 '이루자는 것'이 아니라 그저 어제 위에 오늘을, 또 오늘 위에 그 다음 하루를 켜켜로 덧칠하듯 '한 번에 하루씩 살아가는 것'이라고 달래었다. 부질없는 명예욕과 소유욕, 그리고 질긴 성취욕으로부터도 어느 만큼은 자유로워지고, 이제 조금은 더 넓게 세상사를 바라볼 수 있는 눈이 내게 열린 것이라면, 지난 십여 년의 세월이 실은 그리 허망하게만 흐른 것은 아닌지도 몰랐다.

이 집에서의 남은 기간이 점점 짧아지면서 나는 더 많은 시간을 뜰에서 보냈다. 나는 맨발에 와 닿는 까슬까슬한 잔디의 촉감과 싱싱한 흙냄새를 사랑하였고, 호미질에 놀라 꿈틀거리는 흙 속의 작은 생명들까지 모두 사랑하였다. 뜰은 그 동안 틈틈이 사다 심은 여러 꽃과 나무로 이미 빼곡했지만 나는 군데군데 작은 틈서리마다 꽃모종 하나라도 더 심어놓고 떠나고 싶었다.

꽃나무에 드는 돈과 시간도 수월치 않은 것이어서, 사람들은 이미 팔린 집에 뭣 하러 그렇게나 공을 들이느냐고 핀잔을 하였다. 나는 그냥 웃고 마는 것이지만, 씨 뿌리는 자와 거두는 자가 항상 일치할 수는 없고, 나도 누군가가 어제 뿌려둔 씨앗의 결과를 거저 거두며 살기도 한다는 우리 삶의 법칙을 다시 한번 음미해보는 것이다. 누군가가 심었던 내 뒤뜰의 한 그루 오렌지나무로 해서 "오렌지꽃 향기는 바람에 흩날리고……" 하는 예전에 즐겨 듣던 노래에 새로운 감흥이 실리게 되었거니와, 이 하얀 집의 새 주인은 오늘 꽃을 심는 나의 마음까지야 알지 못한다 해도 그 꽃을 기뻐하며 바라볼 수는 있을 것이다.

호미질을 하며 이 땅에서의 긴 시간을 하나하나 반추하노라면, 그래도 무형의 어떤 단단한 알갱이가 내게 생겨나 있음을 느낄 수 있었다. 내 의지대로 스스로 계획하며 살아간다고 생각했어도 결국은 이미 마련된 어떤 뜻에 따라 걸어온 게 아닐까 싶기도 하고, 이 모퉁이 돌아 꼬부라지는 길 저쪽에는 또 어떤 삶이 마련되어 있을까 궁금해지기도 하였다. 호미를 쥔 손에 힘을 주며 새로이 내가 하고픈 일의 구상도 해가면서, 나는 다시 씩씩해진 마음으로 짐을 꾸렸다.

지난 여름 제주도에서 또 하나의 '넓은 잎새길'을 만났다. 대절택시로 남북을 종단하다가 길 양편의 나무가 아름다운 터널을 이룬 곳에 들어서게 되었을 때, 우리 네 식구는 약속이나 한 듯 일제히 "아, 여기 넓은 잎새길이 있다!"라고 외쳤다. 아이들은 흥분하여 "엄마, 그때는 우리 '부자'였었지, 뜰에 '놀이터'도 있었고!" 하며 큰소리로 떠들고, 남편은 내 손을 더듬어 포개 잡으며 "그때 우리 집 참 아담했었지. 특히 그 집 앞 길이 멋쟁이였어." 하고 감회에 젖는다.

내 눈앞에는 '넓은 잎새길' 터널 한가운데의 하얀 집이 아련히 떠오르고, 그 집에서 보낸 두 해 동안의 내 삶의 한 페이지에 대한 회억에 나는 내내 차창 밖만 바라보며 가던 것이다.

# 집 3

이제 내 유년의 모래내 집을 이야기하고 싶다.

시내에서 공항 가는 길목에 위치한 내 집으로 돌아올 때면 대개 난지도를 오른쪽으로 끼고 성산대교를 건넌다. 이 도시가 토해내는 온갖 쓰레기로 나날이 괴물산처럼 높아가는 난지도. 특히 밤늦은 시각이면 매캐한 쓰레기 태우는 냄새가 인근에 진동하여 모두들 차창을 꼭꼭 닫고 서둘러 지나간다. 땅콩밭과, 소년원과, 끝없이 뻗은 미루나무에 매미울음 한가하던 조으는 섬. 난지도가 정말 '난지도蘭芝島' 이던 시절을 여기 나는 기억하노라고 외치고만 싶다.

내가 지금 차로 지나가는 이 길도 그때는 야트막한 황토빛 언덕이었다. 그 언덕 너머로는 넓디넓은 장다리 밭이 강둑까지 펼쳐지고, 한강 너머 영등포 쪽의 불빛이 먼 피안의 것인 양 깜박이곤 했다. 봄날 오후, 우리 모래내 집 쪽에서 바라보는 언덕길은 신지식의 〈하얀 길〉처럼 반짝반짝 빛났다. 그 언덕을 한번 넘어가보는 것, 강 건너 불빛 영롱한 영등포 쪽을 한번 가보는 것이 꿈의 전부였던 시절도 있었는데, 지금 나는 매캐한 쓰레기 냄새를 막으려 숨을 참으며 날마다 이 길을 지나다닌다.

아버지가 갑자기 돌아가시고, 군인의 몸으로 졸지에 가장이 된 오빠가 서강의 노고산인가에 올라 사방을 둘러보다가, 저어기 저 벌판 쪽으로 한번 가보자고 식구들을 이끌고 와 집을 지은 곳이 모래내였다고 한다. 옛 사람이 나라를 세우고 도읍지를 정할 때 이야기처럼 환상적인 데가 있어 내가 좋아하는 부분이다. 말뚝만 박으면 임자가 되는 시절이었던가 집터는 꽤 넓게 잡았는데, 집을 짓는 목수에게 이리저리 떼이고 마침내 올라간 집은 한겨울에 윗목의 자리끼가 얼 정도의 날림이었더란다. 그래도 허우대만은 멀쩡하여 밤에 보면 저택 같았고, 가장을 잃은 집안이 어디 그리 평안만 했을까만 내 기억 속의 모래내 시절은 모든 것이 알록달록하고 다사롭기만 하다.

마당을 가득 차지한 꽃밭에는 여름 내내 온갖 꽃들이 피었다. 채송화, 봉숭아, 맨드라미, 백일홍, 분꽃, 접시꽃, 한련화, 이런 이름도 정다운 우리 꽃들. 그리고 느슨하게 마당을 둘러친 나무 울타리로는 나팔꽃이 한껏 어우러졌다. 번지 대신 '모래내 꽃집' 앞으로 신문이 배달되었을 때의 우리의 환성을 나는 아직 기억하고 있다.

노래도 한 차례씩 돌아가며 부르고, 먼 곳에서 일어난 것이기에 내겐 무섭다기보다는 오히려 신기하던 월남전 이야기도 잦아들면, 우리는 꽃밭 속을 비집고 다니며 숨바꼭질을 하였다. 장난기 많은 오빠는 새언니를 겨냥하여 "잡힌 사람이 업히기다!" 하고 내거는 것이지만, 날렵한 언니가 그리 호락호락 잡힐 리가 없다. 그때는 아직도 젊었던 어머니는 마루 끝에 앉아, 쯧쯧 그 덩치들이 안 부끄럽나, 혀를 차시면서도 빙긋이 웃으시고, 새언니까지 우리 다섯 여자들은 겅중거리는 자신들의 모습이 스스로도 엉뚱하여 킥킥거리며 숨으러 다녔다.

"아름답다, 무궁화, 우리의 무궁화……", 또 "이상하고 아름다운 도깨비 나라……"를 부르며 고무줄을 하면서 긴긴 여름해를 넘기며, ≪남과 북≫의 라디오 방송극 시간을 조바심치며 기다렸다. 오늘 저녁엔 하마 선우 아무개라던가 하는 주인공이 전쟁통에 헤어진 북쪽의 애인을 만나게 되려는지 나는 애가 탔다.

살림이 좀더 펴지면서 그 동네 처음으로 시멘트 담이 올라가고 흑백 텔레비전도 생겼다. 그래도 오가는 인정은 변함없어 저녁 시간이면 동네 사람들이 마루 가득 둘러앉아 나옥주가 나오는 연속극에 넋을 잃고, 이럴 때 한 자루씩 나눠 먹는 옥수수는 더 맛이 있었다.

3학년 여름방학이 낼모레이던 어느 날, 처음으로 동시라는 걸 썼다. 교내 글짓기 대회가 있으니 시든 산문이든 의무적으로 한 편씩 써내라는 것이다. 동무와 마주 앉아 동시집을 펴놓고 반은 베끼고 반은 얽어 써낸 것이 상을 타게 되었다. 이것이 이듬해 새로 전근해 와 글짓기반을 만드신 선생님 눈에 띄었던가, 그때부터 끼적거리게 되었다. 어릴 적의 나는 많은 언니들 틈에 끼어 생각 깊고 조숙한 아이였던 듯싶고, 전설적으로 크게 전해져오는 남다른 아버지에 대한 막연한 그리움이 나이보다 어른스럽고 어두운 글을 쓰게 했다.

교내 안팎의 대회에서 상을 받으면서 소년 잡지에 글도 실렸다. 그때 받아본 편지 중에는 여고생 언니 것도 있었는데, 짤막한 격려의 편지에 곁들인 자작시인가는 의외로 달콤하지도 영롱하지도 않아 실망스러웠다. 나중에 좀더 자라 읽게 된 휘트먼의 〈풀잎〉에서 그때의 그 구절을 발견했을 때의 낭패감을 잊을 수 없다. 그래봐야 아직 초등학생이던 내게는 강소천의 동시가 더 어울렸을 것을. 차라리 소월이나 영랑의 시였기만 해도!

동네에서 밭둑으로 이어지는 곳에 밑으로는 기차가 지나가는 굴다리가 있었다. 저녁을 먹고도 여름밤은 길어 아이들은 이곳에 나와 귀신 얘기를 하거나 노래를 부르며 놀았다. 온갖 동요를 다 불러대고도 기운이 남으면 갓 배운 유행가로 옮겨가는데, '인생은 나그네길, 어디서 왔다가 어디로 가는가' 하는 〈하숙생〉의 노랫말이 열한 살의 내 가슴을 뒤흔들곤 했다. 이따금 사내애들은 갑자기 노래를 뚝 그치곤, 얘들아, 저기서 연애 건다, 연애 거는 것 보러 가자, 하며 우르르 몰려가기도 했다. 뒤이어 헝클어진 치맛자락에 눈물을 찍어내는 여자가 남자의 어깨에 기대어 지나가고, 그 뒤에 서서 킥킥거리는 아이들의 잔인함에 전율하면서도 나서서 말릴 용기는 없었던 내가 한없이 부끄러웠다.

이 무렵, 죽음도 엿보았다. 여름방학이 다가오면서, 조회 때마다 난지도 앞 샛강은 물살이 빠르니 멱 감으러 가지 말라는 주의가 귀 따가웠지만, 내 동무 찬애는 샛강에 갔다가 빠져죽었다. 또 이른 아침 굴다리 건너 밭으로 고추 따러 가는 길에 내려다보면, 철길에 뛰어내려 죽은 시체가 거적에 덮여 있기도 했다. 거적 밖으로 비어져 나온 발은 때로는 두 개다가 때로는 네 개다가 하였는데, '빈손으로 왔다가 빈손으로 가는 것'이라는 〈하숙생〉의 허무감 때문인가 문득문득 나도 뛰어내리고 싶어지던 것이다.

그러나 나는 얼른 뒤로 물러섰다. 언니의 책장에서 꺼내 읽은 ≪바람과 함께 사라지다≫를 떠올리며, 나는 장차 일생일대의 연애도 하고 ≪바람과……≫를 능가하는 대작도 써야 하는 할 일 많은 아이라고 생각하였다. 지금은 고작 원고지 열다섯 장의 글 하나를 두고도 한 달을 가슴앓이하는 내 모습이지만, 열한 살의 내겐 미안은 하여도 굳이 부끄럽지는 않다.

아래채 사람 중에 삼촌에게 올라와 있던 제주도 아이가 있었다. 내 열두 살의 그 여름 저녁 수세미 넝쿨 밑에 서서, 무슨 얘기 끝엔가 그 아이는 불쑥 "여자에겐 가슴이 제일 중요한 기라." 하는 뜻 모를 말을 했다. 나는 그때 마악 어렴풋이 손에 잡히기 시작하는 가슴께를 감싸안으며 어둠 속에서도 얼굴이 붉어져 가슴이 콩닥거리는데, 그는 이어 "내가 크면 서귀포 동네의 은영이에게 장가갈 끼다." 하였다. 나는 가슴이 철렁하고 까닭 모를 배신감에 금세 핏기가 가시는 기분이었다. 내 눈앞에는 은영이라는 예쁜 이름의 해사한 제주도 여자아이 얼굴이 자꾸만 지나갔다. 그날 밤 수세미 넝쿨 아래에서 내 유년이 소리를 내며 닫혔던 것일까. 바로 다음날로 나는 사내애들과 어울려 다니며 자치기를 하거나 새로 지어낸 이야기를 끝도 없이 엮어대는 것을 그만두었다.

작가 이문열의 자전적 고향 이야기 속에는 여자들만이 남은 문중의 한 집안 이야기가 나온다. 노여왕老女王과도 같은 어머니를 정점으로 그 밑으로 딸들이 문중 청년들 사이에 차례차례 군림하는 여원女苑 이야기이다. 내 유년의 모래내 시절을 회상할 때면 내겐 왠지 이 소설 속의 집안이 함께 떠오르곤 한다. 우리 집에 여자가 많기도 했지만, 나는 미처 그 끝자락을 잡아보기도 전에 사라진 이른바 '찬란한 시절' 이후의 우리 모래내 집 분위기가 이 '여원'의 장려하고 우아한 잔영과 닮은 듯한 것이다.

소설 속의 그 집이 우수와 애상에 잠긴 폐원廢苑이라면, 그러나 우리의 모래내 시절은 우리끼리 다시 일어서보려 애쓰는 고통스럽고도 씩씩한 모습의 것이었다고 생각된다. 그냥 되는 대로, 현실대로만 살아버릴 수는 없다는 결연한 의지 말이다. 그리고 그 한가운데에 어머니가 있었다. 소설 속의 우아한 '노여왕'과는 거의 닮지 않은 투박하고 촌스런, 그러나 나중에 좀 더 커서 생각하니 훨씬 더 여왕답게 꿋꿋하고 당당한……. 그래 명절 같은 때 한자리에 모이면 무슨 소중한 보석이기나 한 것처럼 서로 앞 다투어 더듬어보는 어려웠던 시절에 대한 기억이 또렷할수록, 우리 모두에게 스며 있는 일종의 정신적 사치와 여유가 대체 어디서 오는 것인지 알 것 같은 것이다.

집. 집은 우리에게 무엇인가.

광기 어린 집착과 소유욕의 대상이기 훨씬 이전에, 진정한 '집'은 공간적이라기보다 실은 좀더 정신적인 울타리, 가족만의 따뜻한 작은 우주를 이름일 것이다.

지금 이 집에 이사 온 첫날밤의 아이 일기에서 이런 구절을 읽었을 때, 나는 왠지 가슴이 뭉클하여 눈물이 났다 — "새벽에 잠이 깨서 베란다에 나가보니 별이 하나 반짝이고 있었다. 나는 꼭 별님과 이야기를 나누는 기분이었다. 이 집에서도 좋은 일이 많이 일어날 것만 같다."

우아하지도 꿋꿋하지도, 더군다나 아무런 여왕도 못 되는 나이지만, 내가 꾸며가는 이 집이, 그것이 어디에 있건 어떤 곳이건, 우리에겐 정말 '좋은 집'으로 기억될 것 같다는 믿음에 안도하고 감사하는 것이다.

# 4부

길례언니

주례 이야기

화장실의 미학

〈바람과 함께 사라지다〉, 그 진홍빛은

오월에 뻐꾸기가 울었다

# 길례언니

"길례언니를 꼭 닮았습니다…."

화가이며 수필가인 일현 선생님이 불쑥 이렇게 말했을 때, 나는 하마터면 커피를 쏟을 뻔했다. 옆자리의 언니도 흠칫 돌아보았다. 언젠가 언니는 이제 길례언니 얘기는 그만 쓰지, 한 적이 있었는데, 그제서야 나는 과연 많이 발표하지도 않은 글 속 두어 군데서나 길례언니를 들먹였음을 깨달았던 것이다. 그때 이후 나는 오히려 내 안에 정식으로 두레박을 드리워 한 번 길어 올려 보고 싶다는 생각을 막연히 하고 있었다. 천경자 화백의 글 가운데 수채화 붓자국처럼 언뜻언뜻 스쳐 지나간 '길례언니'가 대체 내 무의식에 어떤 그림자를 드리웠길래 아련한 연둣빛 시절을 회상할 때마다 절로 따라나오는 이름이 되었는지 나도 궁금했었다. 그런데 오늘 뜻밖의 자리에서 뜻밖의 말을 듣는 기분이라니.

당황해 하는 내 마음을 잘못 읽었는지 선생님이 덧붙였다—

"일견 화사해 보이는 모습이지만……, 얼굴에 한恨이 있어요. 나는 화가예요. 내 눈은 못 속이지요……."

설마 한이랄 것까지야. 어쨌든 내 마음속 그늘을 잘못 들켜 버린 듯한 느낌에 오후 내내 말이 헛나오곤 했다.

길례언니.

어느 해 가을 천경자 화백의 그림전에서 처음으로 길례언니를 보았다. 예전에도 또 다른 전시회에서도 보았을 법 하나 기억엔 없고, 내게 남은 길례언니의 인상도 실은 그의 글에서 연상된 이미지가 전부인 터다. 큼직한 이목구비에 챙 넓은 흰 밀짚모자… 그 위에 풍염하게 얹힌 장미꽃… 턱을 고인 손가락의 섬세한 표정… 노란 블라우스의 화사함. 뜻밖에도 화안하고 도시적인 여인인 것이 길례라는 이름에서 상상해온 것과는 많이 달랐지만, 하긴 '안으로 삼키고 삼켜서 때론 한으로 응어리지기도 하고 때론 아련한 환상으로 채색되어 차라리 화려처염한 모습으로 드러나는 것'이 그의 그림의 마력인 터다.

기억의 연상 작용이란 참으로 개인적이고 불합리한 것이어서, '길례언니' 하면 내 십대와 이십대의 종로나 광화문 풍경이 활동사진처럼 떠올라 눈앞을 지나가곤 한다. 가령 중학교 입학 시험날, 담임선생님이 떡만두국을 사주신 나직한 청진동 한옥 같은 것. 만두국을 날라오던 아줌마의 얼룩덜룩한 금박 무늬 한복 저고리, 소매 끝동에 묻은 고춧가루, 또 노란 알루미늄 쟁반에 환칠하듯 벌겋게 찍힌 꽃. 그때까지 떡만두라는 걸 먹어본 적 없었던 나는 추운데 마른 떡 같은 것 말고 아무거나 국물 있는 걸로 먹었으면 싶으면서도 말은 못하고, 윗목에 개켜진 이불의 큼직한 목단꽃 무늬만 무연히 바라봤었다.

고등학교 적엔 무교동의 무과수 제과에서 어떤 아저씨가 사주는 고로케를 자주 얻어먹었다. 고교 일 학년인가 이 학년이던 어느 날, 국어 선생님의 지시로 한 신문에 짤막한 글을 쓰게 되었는데 그때 원고와 사진을 받으러 왔던 시인이라는 기자였다. 그가 신문을 가져온 날은 나는 검정 무용복에 검정 타이즈 차림으로 막 강당으로 뛰어가던 참이었다. 사진이 별로 예쁘지 않게 나와서 유감이라는 그에게 괜찮아요, 생긴 대로 나왔는데요, 뭘, 하며 웃었는데 그게 인상적이었던가. 그 다음부턴 예술가처럼 베레모를 멋부려 쓴 어른이 하학길의 무교동 길에 우연처럼 나타나 자꾸 빵을 사준다는 바람에, 쑥맥같은 나는 어른의 친절을 거절하면 안되는 줄 알고 하는 수 없이 따라가 얻어먹곤 했다. 대학을 졸업하고 미국에 갈 때까지도 그와는 이상하게도 무과수 제과 앞이나 종로 복떡방 근처에서 자주 마주치곤 하였다. 아무개가 너댓 살만 더 먹었더라도, 하고 한숨을 푸욱 내쉬곤 하던 걸 보면 그는 일종의 롤리타 콤플렉스 비슷한 것을 내 쪽을 향해 품고 있었던 것일까.

내게 길례언니 얘기가 들어 있는 천경자 수필집을 처음 사준 이도, 나중에 미국으로 떠날 때 다시 그의 ≪한恨≫과 그 무렵 갓 나온, 최초의 장편 수필로 알려져 있던 우송 선생님의 ≪흐르지 않는 세월≫을 사준 이도 그 아저씨였다. 그는 눈시울까지 붉히며 어디 가 살든 물기 있는 글을 쓰거라, 하여 연인과의 이별만 슬퍼하던 나를 미안해지게 했다.

오랜 세월이 흘러 다시 돌아온 첫 가을, 모든 것이 그립고 정답게만 다가드는 향수에 젖어 나는 '창자 속 같은 옛날 거리'를 기억을 되짚으며 하염없이 걸어다녔다. 독일 빵집은 없어졌지만 무과수 제과와 그 옆의 장의사는 그대로 있고, 종로 복떡방도 또 내가 좋아하던 연노랑 녹두 고물 빛깔도 그대로였다. 아무 건물 옆댕으로나 슬쩍 접어들면 매운 낙지볶음 냄새, 파마 머리의 아주머니가 밖에 화덕을 내놓고 굽는 청어 냄새가 났다. 옛 모교는 강남으로 이사간 지 오래라지만 종로통 풍경은 크게 변함 없는데, 난데없이 나타나 나를 당황하게 하던 그 아저씨는 만나지지 않았다.

어느 십일월 아침, 종로 장의사 앞에 서서 신호를 기다리는데 옆에 선 남자의 카키색 웃저고리 밑단에 허연 헝겊이 너풀거리는 게 보였다. 저게 무얼까 유심히 살피니, 아파트 동 호수가 적힌 헝겊이었다. 세탁소에서 찾아온 그대로 급히 입고 나온 게 분명했다. 챙겨줄 아내도 누이도 없는 남자의 서글픈 일상 같은 것이 확 달겨들면서, 갑자기 이 가을도 깊었구나 하는 생각에 추연해졌다. 말해주어야 하는 게 아닐까 싶은데도 무안 탈세라 말도 못한 채, 몇 걸음 뒤따라가다 멈춰 서 버렸다. 그때 바람이 휙 불어왔고, 가로수의 은행잎이 내 머리 위로 노란 색종이처럼 우수수 흩날렸다. 멀어져 가는 남자의 뒤꽁무니에 달린 헝겊도 덩달아 너풀거렸다.

길례언니가 화가 천경자에게는 본래 어떤 의미였든, 내겐 이런 가버린 시간 속의 화사하고 쓸쓸하고 아늑한 기억들의 총체적 상징으로서 점점 더 커져가며 존재하는 듯하다. 팔랑거리며 땅으로 돌아가는 잎새를 눈으로 좇느라면, 내 안 저 깊은 곳에서 무언가가 거미줄에 걸린 풍뎅이처럼 푸르르 떨며 수면으로 솟구치려 한다. 내게 무언가를 말해줄 듯 말해줄 듯 싶지만 애써 길어 올려봤자 덧없기 그지없는 한낱 기억의 자투리들. 그러나 그런 자투리의 조각보 이상으로 이제 내게 더 중요한 게 무엇 남아 있겠나 싶기도 하다.

내가 길례언니를 보러간 날은 전시회 마지막 날이었다. 개관 이래 최대의 인파였다는 여성 관객들도 대부분 빠져나가 갤러리 안은 호젓했다. 길례언니 프린트를 한 장 사고 싶었으나 동이 난 지 오래였다. 대신 그림엽서를 사와서 딸아이에게 보여주니 "어, 엄마잖아?" 했다. 으응? 하며 다시 들여다보았지만 내 눈엔 그저 단발머리 정도가 닮았을까. 아이는 풍염한 꽃모자와 턱을 고인 손등의 느낌, 아무튼 전체적인 분위기가 어딘지 나와 닮았다며 "정말로 아니야? 그럼 누구야?" 했다. 으응, 길례언니, 하고는 엽서로 써버리기엔 아까워 서랍 속에 넣어두었던 것인데, 일현 선생님에게 길례언니 얘기를 들은 다음부턴 고운 액자에 넣어 책상 옆벽에 걸어두고 있다. 글을 쓰거나 작업을 하는 간간이 올려다보면, 글쎄, 현실과 몽환 사이를 오락가락하던 무렵의 나와 얼마간 닮은 듯도 하다. 꽃분 같은 노란빛에 둘러싸여 잠잠히 나를 굽어보는 여인은 이제는 거울 앞에 돌아와 앉아 있는 것일까.

얼마 전에 집에 놀러왔던 딸아이의 친구도 "아, 너네 엄마구나?" 하더라던가. 아이는 자기가 잘 모르는 먼 외가쪽 친척인가 보다고, 그래서 닮았는가 보다고 멋대로 짐작하면서 저도 "으응, 길례언니래", 한 모양이다.

# 주례 이야기

전에 살던 옆 단지 아파트 경비원 박씨 아저씨가 전화를 걸어왔다. 박씨와 우리 가족과는 꽤 여러 해 동안 서로의 모습을 말없이 호감 어린 눈길로 지켜봐 온 사이다. 머리에 밀짚모자만 얹으면 농부가 되어버릴 품새의 우리 집 가장과는 정반대로, 점잖고 품위 있는 인상에 희끗희끗한 은발의 그이는 누가 봐도 경비원은커녕 교수라는 직함이 딱 어울릴 멋진 분위기의 소유자다. 우리 집 세 여자는 이런 사실을 지적하며 남편과 아빠를 짓궂게 놀려댔고 박씨 아저씨에게도 그렇게 털어놓은 적 있는데, 두 남자 모두 파안대소하며 유쾌하게 받아들여 서른 세대 주민들 중에서도 좀더 각별한 느낌이 생겨나 있었다. 특히 그와 나 사이엔 제가끔 서로를 위해 마련했으나 끝내 주지 못한 꽃다발이 하나씩 놓인, 조금은 고전적인 공간이 있다.

몇 달 전 이사를 떠나올 때 전화번호를 적어주었고 이따금 산책길에 들러 아직도 그리로 날아오는 우편물을 받아오지만, 그가 전화를 걸어온 일은 처음이다.

남편과 아이들의 안부를 두루 묻고 난 그는 조심스레 운을 뗐다. 두어 주일 후에 딸아이 혼사를 치르게 되었는데 주례를 부탁해도 되겠느냐는 것이다. 두어 번쯤 내가 쓰거나 번역한 책을 딸 주라며 선물한 적이 있는데, 바로 그 딸이 결혼하는 모양이다. 허나, 주례는 대개 신랑 쪽에서 알아 모시지 않던가?

박씨가 설명하는 사정은 이러했다. 처음에는 신랑이 직장 상사에게 주례를 부탁했다. 그러나 상사는 부득이한 사유로 정중히 사양했다. 신랑 쪽에선 그밖에는 달리 마땅한 사람이 없다면서 신부 측에 주례 문제를 일임했다. 그래 한 지인에게 부탁하여 흔쾌히 승낙도 받았는데, 갑자기 그분이 입원을 하는 돌발 상황을 만나 부랴부랴 다른 분을 구해야 하게 되었다. 다들 난감해 하고 있는데 마침 주인공인 신부가 아빠가 일하는 라인의 '그분'에게 부탁하면 어떨까고 제안했고, 박씨도 그것 참 좋은 생각이다 싶었다는 것이다.

뭐, 주례라면 그다지 어려울 것도 없었다. 그러잖아도 남편은 이따금 제자들 주례를 서주곤 했다. 우리 가족이 모두 좋아하는 박씨 아저씨의 따님이고 딱한 사정으로 우리에게까지 건너온 모처럼의 부탁인데 남편도 거절하지는 않을 것이다.

나는 축하한다고, 남편도 시간만 된다면 분명 기꺼이 맡아

드릴 거라고, 저녁에 본인에게 확인하여 다음날 알려드리겠다고 말했다. 그러면서 흘낏 달력을 보니, 이걸 어쩌나! 결혼식은 하필이면 남편이 해외 출장을 가고 없는 주말이다. 당황하고 미안해하는 내게 박씨는 나보다 더 당황스러워하며 말했다.

"저어, 그게 말이지요……. 제 말씀은, 바깥 교수님이 아니라 근이 어머님에게 드리는 부탁인데요……."

"네에? 저요? 제게, 주례……를요?"

"네에, 근이 어머님께요."

난 그만 푸아, 웃음을 터뜨리고 말았다. 내게 주례를 부탁하다니! 전혀 상상도 못한 기발한 발상이었다. 아무 유명인사도 아닌 내게, 더욱이 여자인 이 내게 말이다! 여자가 주례를 서기도 하던가? 하지만 가만. 여자라고 주례를 서지 못할 것은 무언가? 결혼은 남자와 여자가 하는 것이고, 무난한 결혼 생활 이면에는 대개 남편보다 몇 배나 큰 아내 쪽의 희생과 인내가 숨어 있기 일쑤다. 이제껏 결혼식 주례라면 으레 남자만 생각해온 관습이야말로 가부장적인 남성우월주의의 표본이 아니겠는가. 물론 그렇다 한들 곧 '내'가 주례를 설 자격이 있다는 뜻은 아니지만.

이런 유쾌하고 파격적인 생각을 해내다니, 과연 W세대들의 신선하고 활짝 열린 사고란 경탄할 만하다. 경비원 박씨는 처음엔 잠깐 갸웃했으나 생각할수록 멋진 아이디어더라고 했다. 어떤 식으로든 남다른 결혼식을 연출하고 싶은 당사자들 구미에도 꼭 들어맞을뿐더러, 근이 어머니라면 누구 못지않은 멋진 주례가 될 게 틀림없다는 것이다. 정히 내가 거절한다면 바깥 선생님이라도 대신 맡아주겠지 싶어 안심했는데, 이제 남편도 출장 중인 판에 나마저 거절하면 정말 그것만은 피하고 싶지만 예식장 전속 주례에게 맡길 수밖에 없는 상황이라면서 박씨는 정중하고도 간곡하게 매달렸다.

순간적으로 솔깃한 마음이 들긴 했다. 비록 예기치 못한 사정으로 인한 대타라곤 해도, 주례를 부탁한다는 것은 적어도 신부와 그 아버지의 눈에 비친 나의 살아가는 모습이 일생 단 한 번밖에 없을 그들의 소중한 예식에 청하여 별 모자람 없어 보였다는 증거일 테다. 내가 언제 또다시 이런 영광스런 부탁을 받아보겠는가. 또한 설사 제1호는 아닐지라도 아직은 몇 안 되는 여성 주례들 중 하나임엔 분명할 거라는 허영심도 단숨에 거절해 버리기엔 아쉽게 했다. 게다가 오죽 다급하면 내게까지 이런 부탁이 건너왔겠는가. 정말로 어느 결혼식에서 본 약장수 같은 예식장 '주례쟁이'에게 가야 할 상황이 되면 어쩌나.

그러나 뒤이어 떠오른 또 다른 생각에 나는 마음을 정했다.

나는 진심으로 영광이라고, 그러나 나는 도무지 그런 자리에 설 자격이 없는 사람이라고, 아저씨도 내가 얼마나 얼치기 아내요, 엄마요, 주부인지를 가까이에서 7년씩이나 지켜보지 않았느냐고 말했다. 박씨는 물론 펄쩍 뛰며 사정했지만, 내 안의 무엇인가가 깍듯하면서도 더 이상 어쩔 수 없도록 단호한 거절의 말을 입 밖으로 밀어내고 있었다.

내 안의 무엇인가……. 그것은 바로 내가 일부일처제의 신화를 믿지 않는다는 간단명료한 사실이다. 나는 현재와 같은 구도의 일대일의 배타적인 성관계를 바탕으로 한 일부일처 혹은 일처일부제는 진화생물학적 자연의 법칙은 물론 사회인류학적 현실과도 맞지 않는, 굳이 '부자연스럽다'고까지는 할 수 없을는지 몰라도 여하간 그리 '자연스럽지는 못한' 결혼제도라는 진화심리학자들의 주장에 내심 동조하는 편이다. 비록 오랜 세월을 통해 인류에게 비교적 가장 무난한 제도로 정착하게 된 근거를 이해하고 수용은 하지만 말이다.

학자들은 일부일처제의 유지와 육아에는 밀접한 상관관계가 있다고 말한다. 암컷이 장기간에 걸쳐 임신을 하고 그 후엔 육아에 매달려 있는 동안 수컷은 다른 암컷을 찾아 한눈을 팔 시간적 여유를 얻기 때문에, 포유동물은 사회적 일부일처제는 몰라도 성적인 일부일처제를 고수하기엔 원천적으로 불가능하다는 설명이다.

이는 부부가 함께 달려들어 평균 15초마다 한 번 꼴로 그 활짝 벌린 주둥이에 정신없이 벌레를 잡아다 넣어줘야 하는 새들의 경우엔 92퍼센트가 일부일처형이라는 것만 보더라도 수긍이 가는 얘기다. 비록 근래엔 그 새끼들 중 30퍼센트 가량이 혼외 수컷의 자식임이 밝혀지고, 나아가 자그마치 50년이란 긴 생애에 걸쳐 부부간의 깊은 애정을 유지하고 설사 한쪽이 먼저 죽는다 해도 절대적인 정절을 지키기로 유명하여 공초 선생으로 하여금 〈짝 잃은 거위를 곡하노라〉는 절창을 읊게 한 거위들조차도 우리가 믿고 바라는 것만큼 순애보적인 일부일처형은 아니더란 실망스런 사실들이 속속 밝혀지고 있지만 말이다.

이를 밝혀낸 오스트리아의 동물행동학자 콘래드 로렌츠는 거위들도 결국엔 매우 '인간적'인 것에 지나지 않았다며 너털웃음을 웃었다던가. 물론 자연계의 부정, 즉 혼외 관계란 자식에게 더 좋은 유전자를 물려주고, 그럼으로써 짝짓기 할 수 있는 성년이 될 때까지 생존할 확률을 높이기 위한 고육지책일 뿐이라는 점에서 인간의 그것과는 근본적으로 차별화되지만 말이다.

어쨌든 우리가 최소한 엄격한 의미의 일부일처제가 사라져 가는 길모퉁이에 와 있는 게 아닌가 하는 혼란감은 나 혼자만의 것은 아닐 듯하다. 비록 예전 조선시대처럼 혹은 지금도 일부다처제가 허용되고 있는 어느 문화권에서처럼 동일한 시공간에서 일어나는 것은 아닐지라도, 이혼을 하고 재혼을 한다면 이도 시간상으로는 또 다른 형태의 일부다처 혹은 일처다부가 아닐까, 따라서 우리는 이미 일부다처 혹은 일처다부 사회에 깊숙이 들어와 있는 셈 아닌가 하는 생각마저 드는 것이다.

동물학자이자 심리학자인 데이비드 버래스 부부의 ≪일부일처제의 신화≫는 사회적 일부일처제와 성적 일부일처제 간의 괴리를 인정함으로써 대안적 일부일처제를 유지해 나가자고 권유하고 있다. 처음부터 일부일처제는 인간의 본능과 욕망을 도외시한 제도였음을 인정하고, 그런 전제로부터 다시 시작하는 것이 좀더 현실적이지 않겠느냐는 설득이다. 오늘 결혼하는 세 쌍 중 한 쌍이 이혼한다는 통계를 보면서, 나 역시도 일종의 열린 결혼이 그나마 대안이 될 수 있지 않을까 하는 생각을 조심스레 해보던 차다. 그 '열린'의 형태가 어떤 것일지는 전적으로 두 사람 간에 협의하고 합의할 사항이겠지만 말이다. 그리고 고지식한 만큼은 양심적인 나는 온통 장밋빛 꿈으로 행복한 신랑신부 앞에 멀쩡한 얼굴로 서서 "검은머리 파뿌리 되도록 오직 아내/남편만 사랑하며……", 혹은 이의 좀더 현대적이고 세련된 변주를 늘어놓을 만큼 능청스럽지 못한 것뿐이다.

그래도 귀가하여 내 얘기를 들은 남편이 승낙하지 그랬느냐고 아쉬워하는 것을 보자 얼마간 후회스럽기도 했다. 내가 너무 고지식했나? 끝내 다른 주례를 구하지 못하면 어쩌나? 그는 혹시 한 번 더 전화를 걸어오지는 않을까?

결혼식이 이틀 앞으로 다가온 오늘 저녁, 나는 축의금 봉투를 들고 경비실로 박씨를 찾아갔다. 괜한 폐만 끼친다고 손사래를 치면서, 그는 별 도리 없이 예식장 전속 주례에게 부탁했다고, 마음은 간절했지만 내게 너무 무리한 부탁을 한 건가 조심스러워 다시 전화해볼 용기를 내지 못했노라고 말했다. 딸에겐 그저 다른 사정이 겹쳤다더라고만 해뒀노라고. 과연 점잖은 사람이었다. 그리곤 다음달로 경비원 일을 그만두고 전부터 준비해오던 부동산 사무실을 열 계획이라고 말했다. 인테리어 사업을 하는 아들과 연계하여 시작한다고, 그 동안 고마웠고, 헤어지게 되어 무척 섭섭하다고.

돌아오는 길엔 아까는 삽상하던 가을 저녁 바람이 가랑잎을 이리저리 휘불어가고 있었다. 나는 아마도 처음이자 마지막일 주례 청탁을 거절한 것이 애초 내가 생각한 것처럼 잘한 일인지 되짚어 보았다. 잘 알 수가 없었다.

한 가지 분명한 것은 서로 존중하고 삼가며 고즈넉한 눈길로 바라보던 박씨와의 공간에 또 하나의 '하지 않은 일'이 더해졌다는 것, 그리고 그 공간엔 한 일보다는 하지 않은 일이 더 잘 어울린다는 사실이었다.

# 화장실의 미학

새 아파트로 입주하면서 내가 가장 좋아한 것은 화장실이 두 개라는 점이었다.

예전에도 화장실이 두 개인 단독 주택에 살았던 적은 있다. 그때만 해도 아직 어렸던 아이들은 거실의 큰 화장실을 놔두고 굳이 내가 들앉아 있는 작은 화장실 문을 두드려대곤 하였다. 모른 척 계속 버티고 앉았노라면 삐뚤삐뚤한 글씨로 '엄마, 보고 싶어요. 빨리 나오세요' 라고 쓴 쪽지를 문틈으로 들이미는 것이다. 하루 하루가 힘겹고 나만의 시간 단 몇 분이 그리웠던 그때, 복도 끄트머리의 작은 화장실은 내 모처럼의 휴식 공간이었던 셈이다.

이곳에 이사오고 얼마 후, 거실과 안방에 딸린 화장실 벽에는 이런 글귀가 나붙었다–"SOS…… 당신이 안에서 '사색'에 잠겨 있을 때, 우리는 밖에서 '사색'이 되어 간답니다."

어느새 이런 재치를 부리는 나이로 커버렸을까. 나도 질세라 '思索'과 '死色'을 명료하게 써놓으면 고려하겠다는 쪽지를 써 붙여 놓고 기다렸다. 과연 그 며칠 후, 안방 화장실에서 원래의 글귀가 슬그머니 철수되었다. 한문으로 쓸 줄을 몰라서라기보다는 다른 사람들이 자기만의 방이나 책상을 꿈꾸듯 별나게도 화장실에 집착하는 엄마의 이기체己를 저들도 웬만하면 양해해주기로 한 모양이다.

십 몇 년만에 서울에 돌아오던 그 첫가을이었을 것이다. 일본에 귀화한 작가 손창섭 선생이 잠시 고국을 다니러 왔다는 신문기사를 읽고 나는 많은 감회에 젖었다.

내 중학 시절은 신구문화사에서 나온 ≪전후문제작품집≫의 지대한 영향을 받은 시기였다. 언니들이 제각각 외출해 버린 휴일, 나는 진종일 방문을 잠그고 틀어박혀 전쟁이 남긴 암울하고 허무적인 작품들 속에 파묻혀 있곤 하였다. 날이 눅눅할 때면 방안으로 연탄가스 냄새가 조금씩 스며들었고, 이대로 죽어졌으면 하는 유혹은 사춘기의 내겐 자못 감미로웠다. 함께 누울 네모난 공간을 찾아 헤매는 안타까운 연인들의 모습을 그린 〈제8 요일〉이나 〈생의 한가운데〉같은 외국 작품들도 되풀이해서 읽었지만, 나는 특히 손창섭 소설의 비극적이고도 희화적인 인간상에 깊이 빠져들었던 것 같다. 먼 남의 땅에서 국내 소설가의 작품을 읽을 때면 문득문득 선생의 근황이 궁금

했었는데, 그때마다 웬일인지 화장실, 좀더 정확히는 공중변소가 연상되는 것이었다.

그의 ≪낙서족≫에는 독립운동가의 아들인 돈키호테적인 일본 유학생이 일경의 감시의 눈길을 피해 공원의 공중변소에서 기거하는 얘기가 나온다. 경찰서 앞에서 외쳐대는, "나는 부모도 형제도 집도 돈도 아무것도 없는 사람이다!" 라는 뚱딴지같은 비장한 절규와 공중변소라는 세팅이, 눈물겨운 난센스로 내 가슴을 아프게 하던 것이다.

그의 자화상인 〈신의 희작戱作〉의 어떤 구절은 지금도 화장실에 앉아 있을 때마다 자주 머리에 떠오르곤 한다. 성인이 된 후까지도 야뇨증에 시달리는 주인공(작자)을 작가는 이렇게 묘사하였다 — '야만인인 S는 문화적인 것 일체와 문화인이라는 유별난 종족 전부가 싫은 것이다. 언제나 현란한 정신적 외출복으로 성장하고, 눈부신 지식과 재능의 액세서리들을 번득거리며, 자신만만히 인생을 난무하는 소위 그 문화인이니 지식인이니 하는 사치품 인간들에게, S는 아무리 해도 본질적으로 친숙해질 수가 없는 것이다…….'

겉으로는 문화인인 척하고 다녀도 본질적으로는 나도 S와 같은 야만인임에 공감을 맛보는 것인데, 내 속에 내재하는 야수성·원시성이 가장 훤히 들여다보이는 장소가 화장실이라는 데에서 자꾸 이 글귀가 연상되었던 모양이다.

배설 작용만큼 쓸쓸한 자기 실존을 확인시키는 인간 행위가 또 있을까.

가장 형이상학적인 물음들이 가장 형이하학적인 상황에서 줄줄이 떠오르고, '정신적 외출복'을 벗어버린 내 내면을 저 밑바닥까지 훑으며 골똘히 사념에 잠기는 시간이야말로 바삐 돌아치는 일과 중 가장 사치스런 시간인지도 모른다. 말이 좋아 자유업이지 머리카락 하얗게 세는 골치 아픈 작업에 좋아라 매달려 하루 종일 현관문도 한번 안 열어보고 버틸 수 있는 것도, 고백컨대 아무 때나 원하는 순간에 마음대로 화장실을 드나들 수 있는 자유와도 무관하지 않다.

전에 갈색 포메리언을 한 마리 기른 적이 있다. 원래 애완견을 가지고 법석을 부리는 사람들에 대해 극도로 편견을 품고 있던 나인데, 이웃집 포메리언을 보고 그만 반해 버린 것이다. 공동생활에서 남에게 피해를 끼쳐서는 안 된다며 완강히 반대하는 남편을, 아이들을 앞세워 눈물로 애소하고 설득하여 기어이 생후 4주짜리 숫놈을 하나 샀다. 도무지 짖을 줄이라곤 모르는 착하고 순한 엄지는 늦게 얻은 아들 대접을 받으며 우리와 꼭 일년을 함께 살았으나, 이사를 핑계로 단독 주택에 사는 친구에게 주어 버리고 말았다. 아이들에게는 뜰이 있는 집에서 마음껏 뛰어 놀게 해주는 것이 진짜 엄지를 위하는 것이라고 둘러댔지만, 실은 배설 훈련에 실패한 결과를 감당하기 힘겨웠던 것이다.

현관이나 소파 뒤에 질러 놓은 오물 치우는 것 자체가 힘들었다는 얘기는 아니다. 워낙 먹는 게 적으니 배설물이라야 얼마 되지 않았으니까. 그러나 외출에서 돌아와 걸레를 들고 구석쟁이를 뒤지노라면, 저도 속은 멀쩡하여 녀석은 꼬리를 칠까 아니면 제 집 안으로 피할까 잔뜩 겁먹은 눈망울로 풀이 죽어 내 눈치를 살피는데, 나는 바로 그 눈길이 견딜 수가 없었던 것이다. 제가 눈 배설물도 해결할 줄 모르는 미물임이 가엾다가도, 뜻밖에 속에서 터져 나오는 잔인성에 옆구리를 쥐어박아 놓고 내가 화들짝 놀란다. 이 바보야, 죽어라, 죽어!

한번씩 그러고 나면 꼭 눈물이 났다. 배변할 일이 큰 일이라 먹는 게 겁난다는 오랜 병중의 어머니가 생각나고, 자기가 눈 오물 속에 누워 숨졌다는 이웃 치매 노인이 생각나고, 먹는 행위와 배설 행위가 공통적으로 유발하는 어떤 원초적인 슬픔에 가슴이 메이는 것이다.

최근에 어디선가 읽은 한 자료에 의하면 남자는 일생의 거의 2년을, 여자는 약 4년을 화장실에서 보낸다고 한다. 참으로 별 할 일없는 통계 수집에 시간을 소모하는 사람들도 다 있다는 쓴웃음을 접어둔다면, 보통 사람의 곱절쯤 화장실에 틀어박혀 있는 나는 아마도 장장 8년 가까운 세월을 그 안에서 허비한다는 얘기가 될까.

내가 처음으로 변소에 빠진 것은 서강에 살던 세 살 나던 해 여름이었다. 아버지 주사약을 구하러 엄마는 그 날 밤도 옥 선생이라는 이에게 달려가시고, 변소에 혼자 가기 무섭다고 우는 내게 아버지는 호야불을 들려주며 기운 없이 나무라셨다.

호야불이 꺼지고 나무 발판에서 미끄러지면서 다리 하나가 들어갔던가, 허리께까지 빠졌던가. 어찌어찌 엄마가 와서 끄집어내졌던 모양이나 자세한 것은 기억에 없고, 귀청이 떨어져라 하고 울어대던 맹꽁이 울음만 생생하다. 그 이듬해 봄에 아버지는 돌아가셨다. 언니들에게는 더없이 인자한 '군자君子'가 틀림없었던 아버지, 그러나 기껏 두어 장면밖에 안 남은 내 기억 속의 아버지는 울보였던 나를 항상 이런저런 일로 기운 없이 나무라고 계셨다. 애석하기 짝이 없는 노릇이다.

두 번째로 빠진 것은 엄마를 따라 만리동 어딘가의 친척 언니네 신접 살림집을 찾았을 때였다. 처음으로 전차를 타본 것, 대바구니에 든 사과를 사간 것, 거기서 처음으로 튀각이라는 걸 먹어본 것 등등이 기억난다. 언니네가 세든 집 변소는 대문 옆에 있었는데, 나무 판자가 깔린 것은 우리 집 변소와 같았으나 나무 뚜껑이 덮혀 있는 게 달랐다. 한구석에는 빗자루도 있어서, 나는 뚜껑을 열었다 닫았다도 해보고 빗자루로 바닥도 쓸어보고 하다가 빠졌던가 보다. 돌아오는 길에 어머니에게 소리 좀 들었는데, 대여섯 살치고는 제법 조숙했던 나는 나 때문에 엄마가 '망신을 당했다'는 생각 때문에 고개만 푹 수그리고 걸었다.

그러나 다행인지 불행인지 내 몸에 절었을 악취를 씻어낼 기회도 왔다. 일곱 살 나던 해 초여름, 그 날 나는 엄마가 만들어 준 흰 원피스를 입고 학교에 갔다. 예쁜 옷을 입은 아이들만

예뻐하는 총각 담임선생님이 "호오, 새옷 입었네." 하고 모처럼 알은 체를 해주었으나, 으쓱하기보다는 그런 선생님이 어린 마음에도 어째 좀 경멸스럽던 게 기억난다.

학교가 파한 다음 막내언니와 우물로 물을 길러 갔다. 두레박을 늘어뜨리는데, 저 건너 한길에 꽃무늬 원피스에 뾰족구두를 신은 웬 젊은 여자가 양산을 쓰고 걸어가는 게 보였다. 모래내 거리를 그런 멋쟁이가 지나가다니! 아차, 하는 순간 나는 두레박 무게에 딸려 내려갔고, 웬일로 그 시간에 집에 와 있던 오빠는 '사루마다'만 입고 뛰어왔다가 장마로 우물물이 불은 것을 보고는 물지게를 늘어뜨려 나를 건져 올렸다. 꼴깍꼴깍 물을 먹고 비몽사몽 하는 중에도, 이제 옷을 버렸으니 담임선생님이 나를 또다시 알은 체 할 일은 없겠지 하며 차라리 후련해지던 것도 잊히지 않는다.

한참 자란 후, 화가 천경자의 글에서 길례언니 이야기를 읽었다. 실존 인물인 줄로만 알았던 길례언니가 어쩌면 화가 자신의 애잔한 환상이 엮어낸 가공의 인물인지도 모른다는 그의 또 다른 글도 읽으면서, 나는 햇살 쨍쨍 내리쬐는 모래내 길을 뾰족구두에 양산을 받치고 걸어가던 여인을 떠올렸다. 내게도 길례언니가 있었던 것이다.

한때 나는 미우라 아야꼬의 수필집을 탐독하곤 했었다. 척추 장애로 꼬박이 칠 년씩이나 침대에 누워지낸 그녀의 젊은 날 얘기라든지, 기독교 정신에 투철한 남편에게 받은 감화라든지 하는 얘기가 기독교인이 아닌 내게도 적잖이 감동적이었던 것이다. 그러나 이제 와서 기억나는 것은 이 한마디뿐이다— 즉, 남의 배설물에는 누구나 코를 찡그리지만, 자기가 눈 배설물은 손잡이를 눌러 흘려보내기 전에 흐뭇하게 다시 한번 확인하는 게 우리 인간이라는 것이다.

작가 오정희는 〈옛우물〉에서 '사람들이 자기가 눈 똥을 보지 않게 되면서부터 본질을 잃어 가는 게 아닌가 싶다'고 하였다. 때때로 손잡이를 누르려다가 무심코 변기 안을 들여다보는 자신을 발견하고 자기 중심적인 인간의(혹은 나의) 속성에 쓴웃음을 지으며, 나는 내가 내보내는 오물이 흘러갈 길을 더듬어 보곤 한다. 실로, 수세식 변기가 발명되어 인간이 자기가 만든 배설물을 보지 않고 냄새맡지 않아도 되게 되면서, 우리들의 인간성은 더욱 메말라간 게 아닐까 하는 생각을 지울 수 없다.

남의 글을 읽고 나면 어찌된 셈인지 고상한 것은 다 어디 두고 파격적인 일화, 그 중에서도 화장실이나 변소, 또는 뒷간과 관계되는 것이 가장 오래 기억에 남는다. 죄송하고 민망스러운 노릇이지만 본시 내 사람됨이 그 정도인 것을 어쩌겠는가.

근엄하고 점잖아만 보이는 우송(友松) 선생의 〈화장실〉이라는 글은, 아침에 집의 화장실을 사용하지 못할 일이 생기자 결국 강의가 없는 날인데도 부득이 출근하게 되는 과정을 그리고 있다. 집 근처 공공건물에서 화장실을 빌려 쓸 주변도 없는 소심함이 친근감을 느끼게 하는 것이다. 그런가 하면 한번 마음껏 웃어본 때로 소싯적의 '방귀 뀌기' 대회를 소개하고 있는데, 과연 내가 누구의 글을 읽고 그처럼 웃어본 것은 아마도 삼불三佛 선생의 곤혹스럽기 짝이 없었을 화장실 문 앞에서의 일화, 〈변명 못할 오해〉 이래 처음이었던 것 같다. 하긴 해학으로 말하자면 박규환 선생의 〈변소와 화장실〉에 버금갈 글도 드물 것이고, 똑같은 제목의 글을 엮어볼 양으로 스크랩을 해오던 나는 그 글을 읽고 난 후 깨끗이 포기해 버렸던 것이다.

매원梅園 선생의 〈변소고〉를 처음 읽은 것은 아마도 깔끔깨나 부리던 고교 시절이었을 것이다. 그런 공중변소 풍경이 다반사이던 시절이었다고는 하나 여학생답게 구질구질하다고 받아들였을 만도 한데, 오히려 숨김없는 서민 생활의 애환이 가슴 뭉클하던 기억이 새롭다. 매향은 못 되는지 몰라도 그 이상의 진솔한 삶의 체취가 있어서, 나는 매화니 목련이니를 얘기한 그의 '향기로운' 글들보다 지금도 그쪽을 더 좋아한다.

그런가 하면 앞서 말한 천경자 수필은 화려찬란한 한恨의 개인사가 총천연색으로 난무하여 감수성 예민한 내 이십대 가슴을 두근거리게 했거니와, 연애를 연애한 더 멋들어진 사연들은 거지반 잊혀진 지금까지도 하필이면 전후 배고프던 시절, 주인집 아이가 먹다가 마루에 내던진 '똥덩어리 같은' 찐 고구마를 주워먹고 나중에 난처해 어쩔 줄 모르던 얘기만은 또렷이 기억에 남아 마음 찡하다. 또한 가수 조영남의 놀랍도록 솔직한 자기 얘기 속에도 어린 날 흙고물로 '똥떡'을 만들어 장난치던 얘기가 나온다. 나는 한동안 수필의 진정한 품위란 어떤 것인가를 반문하며 일종의 정신적 변비 상태에 빠져 괴로워했는데, 적어도 그의 거침없고 자유로운 정신이 주는 청량함만은 나도 닮고 싶은 데가 있었다.

딸아이는 지금도 화장실에서 나올 때마다 "엄마, 나는 잠잘 때하고 밥 먹을 때하고 화장실 갈 때가 제일 행복해요." 하며 만족스런 한숨을 쉰다. 우습지만 나는 매번 이 말의 새삼스런 진실성에 작은 감동을 느낀다.

꼭 선승禪僧이라야만 '똥막대기'란 화두에 매달릴 수 있는 건 아닐 것이다. 화장실에서 '낭비'하는 시간에는 분명 창조적인 어떤 미학이 존재한다. 나는 아이의 말을 들을 때마다 속으로 거듭 다짐을 한다— 욕심을 줄일 것. 삶을 되도록 단순 소박하게 살 것. 세상의 이목이나 일상사에 휘둘리지 말고 내 본연의 자유로운 정신을 되찾을 것.

# 〈바람과 함께 사라지다〉, 그 진홍빛은

그것은 누런 갱지에 조잡하게 인쇄된 볼품없는 책이었다. 겉장도 뜯겨져 나가 제목도 작가 이름도 나는 알지 못했다. 상관없었다. 언니의 책장 구석에서 발견한 그 책은 그때까지 읽던 장수철이나 강소천 동화들과는 비할 수 없이 달콤하고 짜릿한 신세계를 열어준 내 최초의 '성인물'이었다. 가장 호습고 '맛있는' 부분은 100쪽이 채 못 되는 얇은 책 중간쯤에 굵은 먹으로 쓱쓱 그려진 삽화였다. 콧수염을 짙게 기른 남자가 보닛을 쓴 날씬한 여자의 허리를 휘감아 안고 그 입술을 향해 닿을 듯 말 듯 고개를 숙이는 장면이었다. 그들의 뒤로는 마차가 한 대 서 있고 먼 하늘가엔 석양인지 불길인지가 위험하게 타오르고 있었다. 어쩐지 내가 보아선 안 될 것만 같은 은밀하고 독성 어린 그 대목을 나는 언니 눈을 피해 몰래 읽고 또 읽으면서 가슴을 두근거렸다. 해적판 〈바람과 함께 사라지다〉와의 조우, 초등학교 4학년 무렵의 일이다.

중학생이 되던 봄에 1,000여 쪽짜리 정음사 판을 처음 읽었다. 레트 버틀러를 잃고는 '타라, 오, 내 고향 타라에 가자…… 내일은 또 내일의 태양이 떠오를 테니까.'하며 다짐하는 스칼렛의 독백을 끝으로 마지막 장을 덮었을 때, 나는 그녀와 같은 오만당당 강인한 여성이 되어 진홍빛 휘황한 삶을 살거나 그런 여성의 삶을 그리는 작가가 되리란 꿈을 품었을 것이다. 이후 나는 목침 같은 그 책을 번역본과 원서로 최소 두어 번쯤은 더 읽고 영화는 그보다 더 여러 번 본 것 같다.

만 열한 살이 되던 여름, 사흘밤낮 그 책에 푹 빠져 있던 딸아이가 투덜거리기 시작했다. 제 엄마는 스칼렛의 엄마 엘렌처럼 모든 해답을 다 가진 지혜롭고 우아한 엄마가 못 된다, 그러니 자기는 암만 스칼렛이 되고 싶어도 될 수 없는 가련한 아이라는 불만이었다. 그런 식으로 어느 날 갑자기 스칼렛이 아니라 그 엄마 자리로 확 떠밀쳐졌을 때, 찬물을 둘러쓰듯 나를 덮쳐오던 서늘하고 서글픈 느낌을 기억한다. 그것은 '진홍'은커녕 희뿌연 우윳빛에 불과한 내 일상에서 더 이상 별 대단한 드라마를 기대하지 않게 된 기점이기도 했다.

지난 오월, 애틀랜타 방문길에 마가렛 미첼 기념관을 찾았다. 작중 인물들에만 너무 몰입해온 탓이었을까? 아니면 영화가 전부 캘리포니아에서 촬영되었으며, 따라서 '타라'는 그곳

어디에도 없다는 것을 이미 아는 때문이었을까? 작가의 고향이며 작품의 무대인 도시에 와 있으면서도 나는 한때 내게 그토록 강렬한 일체감을 불러일으킨 그 기념비적인 대작의 작가에 대해서는 정작 아는 것이 거의 없다는 사실조차 미처 인식하지 못하고 있었다. 그가 낳아놓은 작품에 탐닉하느라 아마도 난 작가를 궁금해 할 겨를이 없었던 것일까?

이제까지 내가 알던 거라곤 그저 그는 이 방대한 작품 한편만을 남겼고, 오십 년을 채 살지 못하고 교통사고로 죽었으며, 인세계약 대신 매절을 했기 때문에 성경 다음으로 많이 팔렸다는 이 책으로도 수익은 별반 얻지 못했다는 정도였다. 알고 보니 그나마도 정확한 사실은 못 되었다. 열여섯 살 때 남자친구를 위해 쓴 〈사라진 섬 레이즌〉이란 소설의 원고가 뒤늦게 공개되어 몇 해 전 우리나라에도 번역된 바 있고, 판권이 현재 미첼 일가에 있는 것을 보면 매절을 한 것도 아닌 듯했다. 어쨌든 기념관 문을 열고 들어갈 때까지도, 나는 이 조용하고 심심한 남부 도시를 사랑했으며 그 도시 또한 열렬히 사랑하고 자랑해 마지않는 작가 자체에 대해서는 이상할 정도로 무지했던 셈이다.

소설의 첫 장면은 주인공 스칼렛의 외모와 성격묘사로 시작된다 ― '스칼렛 오하라는 미인은 아니었다. 그러나 쌍둥이 탈턴 형제들처럼 그녀의 매력에 사로잡힌 남자들은 그 사실을 거의 깨닫지 못했다…….'

작가와 소설, 그리고 영화에 관한 기록들을 보여주는 기념관과 그 부근, 그녀가 이 대작을 집필했던 집을 둘러보며 비로소 만난 마가렛 미첼은 총천연색 만화경처럼 변화무쌍하고 다면적인 얼굴을 하고 있었다. 그녀야말로 자신이 창조한 스칼렛처럼 강렬한 명암을 지닌 매혹적인 인물이던 것이다.

마가렛 미첼(1900~1949)은 아일랜드계 어머니와 저명한 변호사이자 애틀랜타 역사학회회장을 역임한 역사가 아버지 사이에서 태어났다. 외할아버지가 남북전쟁에서 장교로 싸웠고 참전했던 퇴역군인들이 아직 많이 생존해 있었기 때문에, 미첼은 엄마 무릎에서부터도 애틀랜타 공방전 등 남북전쟁 이야기를 자주 들으며 자라났다. 1남1녀 중 동생인 그녀는 연필을 잡으면서부터 글쓰기를 즐겼다는데, 유치원 시절의 귀여운 작문들이 아직도 기념관에 남아 있었다.

미첼은 키가 150 센티미터가 될까 말까 할 정도로 자그마한 여인이었다고 한다. 어린 시절 치마꼬리에 불이 붙어 혼이 난 뒤로 그녀의 페미니스트 어머니는 자전거타기와 말 타기, 그리고 나무타기를 좋아하는 말괄량이 딸에게 사내아이 같은 내리닫이 바지를 즐겨 입혔다. 어머니의 갑작스런 죽음으로 대학을 그만두고 아버지의 희망에 따라 사교계에 데뷔한 뒤에도, 스물한 살짜리 처녀는 머리를 짧게 자르고 검정 내리닫이에 흰 블라우스를 받쳐 입고 다녔다. 짧은 결혼과 이혼에 이어 그녀는 경제적 자립을 위해 〈애틀랜타 저널〉 일요판의 기자로 취직한다. 때는 1920년대 초, 양가집 규수는 직업을 갖지 않는 시절이었고 남자들 틈바구니에서 발로 뛰어야 하는 신문기자란 직업은 더욱더 생각도 못하던 시절이었다.

1925년 미첼은 동료 기자 출신으로 조지아 전기회사의 광고 국장인 존 로버트 마시와 재혼하는데, 이는 1949년 8월 그녀가 불의의 교통사고로 세상을 떠날 때까지 서로 깊은 애정과 이해와 격려로 맺어진 이상적인 결혼이 되었다. 미첼이 두 번의 낙마로 인한 무릎 관절염으로 신문사를 그만두게 되자 그는 소설을 써보도록 권유한다. 1926년 그녀는 드디어 남북전쟁을 배경으로 하는 소설 집필에 착수했고, 3년 뒤에는 초고를 완성한다. 그러나 애초 출판을 목적으로 하기보다는 그저 남편과 둘이 읽고 즐기기 위한 것이어서, 1935년 새로운 작가와 작품발굴을 위해 남부 도시들을 순회하던 맥밀란의 편집자가 애틀랜타를 방문할 때까지도 막대한 분량의 원고는 거의 초고 상태나 다름없이 방치된 채였다. 편집자를 만나긴 했으나 미첼은 원고 보여주기를 거절하는데, 그런 그녀를 설득하여 마지막 순간에 마음을 바꾸게 함으로써 이 대작이 빛을 보고(1936), 퓰리처상을 받는가 하면(1937), 사상초유의 히트작이 된 불멸의 영화로 만들어지기(1939)까지 그 남편의 격려가 큰 몫을 한 셈이다.

꾸밈없고 재기발랄한 미첼은 어느 모임에서나 좌중을 이끌며 인기가 많았다고 한다. 〈바람과 함께 사라지다〉의 집필실 문에는 지금도 '존 로버트 마시'와 '마가렛 미첼'이라는 두 명패가 나란히 걸려 있었다. 이 때문에 그들이 부부인 줄을 모르는 방문객들도 더러 있었던 모양이다. 안내자가 들려주는 일화에 의하면, 그녀에게 매혹당한 한 남자는 새벽 두 시가 넘도록 돌아갈 생각을 하지 않았다. 남편인 마시가 손님이 돌아가 주길 참고 기다리고 있는 줄도 모른 채 남자는 마시가 먼저 돌아가기를, 그리하여 자신이 그녀와 단둘이 남게 되기를 끈질기게 기다리고 있은 것이다. 하는 수 없이 마시는 둘이 부부임을 밝히고 이제 그만 돌아가 달라고 요구했다는 것인데, 그들 부부의 관계를 보여주는 예화로 적이 흥미로웠다.

활달하고 때론 분방한 면도 있는 미첼이었지만, 무엇보다 그녀는 가난하고 병들고 이런저런 사연으로 감옥에 갇힌 불행한 사람들을 진심으로 동정하고 적극 도와준 박애주의자였던 모양이다. 50명의 의대생들에게 비밀리에 장학금을 지급해온 사실이 40년이나 지나서야 비로소 알려지기도 했고, 생전에 재소자들의 복지에 각별한 관심과 지원을 보내준 그녀를 기려 애틀랜타 교도당국은 지금도 매년 문학행사를 연다고 한다. 소설 속의 인물들이 대개 작가 자신의 여러 분신임으로 미뤄볼 때, 마가렛 미첼은 열정적이고 도전적이며 강인한 스칼렛과 동정심 많고 이해심 깊은 멜라니를 합쳐놓은 인물, 그러니까 일종의 낭만적 현실주의자였던 듯하다.

미첼은 소설은 '이야기' 곧, 서사가 처음이자 끝이라고 믿었다. 소설을 쓰겠다고 마음먹자, 그녀의 머릿속엔 터져 나오기를 기다려온 강렬한 이야기가 이미 들어 있었다. 어릴 적부터 수도 없이 들어온 전쟁 이야기였다. 그때까지 남북전쟁을 다룬 소설이 없지는 않았으나 패자인 남부의 시각에서 바라본 것은 없었고, 애틀랜타를 놓고 벌어진 치열한 공방전을 생각할 때 그 도시의 흥망성쇠와 운명을 나란히 한 여주인공의 설정이야말로 필연적으로 보인다.

그녀의 집필방식은 흥미로운 사례가 될만하다. 대부분의 작가들은 실제로 집필에 착수하기 전 수개월, 심지어 수년간 머릿속에서 작품을 구상하고 설계도를 그리며 '숙성'시키기 마련이다. 그런데 〈바람과 함께 사라지다〉의 경우는 달랐다. 남북전쟁이란 배경역사는 이미 친숙했다지만 그것을 책으로 쓴다는 생각은 해본 적이 없던 터였는데, 어느 날 소설을 쓰기로 작정하고 책상 앞에 앉기 시작하면서 줄줄이 타자를 쳐내려갔다는 것이다. 그것도 검지손가락 두개로 치는 독수리 타법으로 말이다. 나는 그녀의 집 거실에 놓여 있는 레밍턴 타자기 자판을 손으로 쓸어보며 이야기꾼으로서의 그녀의 천부적인 자질을 부러워했다.

어쩐 일인지 미첼은 맨 마지막 장을 가장 먼저 썼다고 한다. 그리곤 아무거나 그때그때 머릿속에 떠오르는 장면들을 모두 쓴 다음, 전체적인 틀의 적재적소에 다시 짜 맞춰 넣었다는 것이다. 스스로도 짜증을 내며 답답해하면서도 순서대로 일직선만을 고집하고, 어디선가 막혀버리면 그 대목이 해결되기 전에는 한 발짝도 앞으로 나가지 못하는 '맹꽁이' 기질의 나로서는 정말이지 부러운 융통성이 아닐 수 없다. 그런 그녀도 맨 첫 장은 유독 힘들어하며 일흔 몇 번을 고쳐 썼다던가. 하긴 그런 대작이 절대로 알려진 것처럼 쉽게만 씌어졌을 리야 없었을 터이다.

이 글을 쓰면서 오랜만에 영화 비디오를 꺼내보았다. 전에는 무심코 지나갔던 도입부의 자막이 처음인 듯 새로운 의미로 다가든다. 타라의 계단에 앉아 재잘거리며 쌍둥이 형제를 꼼짝없이 묶어놓는 스칼렛을 비춰주기 직전, 화면에는 사라진 멋진 남부에 대한 향수 어린 애도사가 장엄하게 깔린다 — "기사도와 목화밭의 고장이 있었으니, 그 이름은 '멋진 남부'였다. 그 아름다운 세계에서 이제 전통과 품위는 작별을 고했다……. 그곳은 신사들과 숙녀들과 농장주와 노예가 마지막까지 남아 있던 고장이었다. 그곳은 이제 책에서밖에 만날 수가 없다. 꿈속처럼 아련한 세계, 그들의 문명은 바람과 함께 사라졌으니……."

할리우드식 낭만으로 덧칠된 남부의 신사들과 우아한 미인들 얘기를 지나 화면은 처절한 패배와 생존과 재건을 위한 몸부림으로 이어진다. 타라의 앙상한 나무 한 그루를 배경으로 주먹을 불끈 쥔 진홍빛 여인의 실루엣을 보고 있는데, 그 위로 그녀의 한국판 쌍둥이의 얼굴이 겹쳐졌다. 실은 미첼 기념관을 관람하는 내내, 내 머리 뒤쪽으로는 이 한국판 쌍둥이를 둘러싼 대서사시의 장면장면이 떠오르곤 했었다.

울컥하니 예기치 못한 비애가 차올랐다. 만약 그 쌍둥이가 영어권에서 태어났더라면. 그랬다면 장대한 스케일과 드라마와 인물과 문장과 메시지 그 어느 면에서도 결코 미첼의 작품보다 못하지 않은 이 걸작의 무대를 찾아 지구 저쪽에서 날아온 나 같은 독자가, 최참판댁 툇마루에 걸터앉아 감격에 겨워 평사리 너른 들을 바라보고 있지 않겠는가.

내가 〈바람과 함께 사라지다〉를 다시 읽거나 영화로 보는 일은 이젠 더 이상 없을 것 같다. 대신 이 뜨거운 여름 어느 날, 서희의 〈토지〉를 꺼내 이제야말로 제대로 한번 씨름해 보고픈 열망이 차오르는 건 왜인지 모르겠다.

# 오월에 뻐꾸기가 울었다

돈황 석굴 답사가 끝나자 여정도 완연 내리막길로 접어든 느낌이다. 오늘 저녁 주천에 당도하면 내일은 주천공원을 거쳐 가욕관을 둘러보게 된다. 뜨거운 사막길을 달리며 이번 여행 중에 배운 '사막의 한'이란 옛 노래를 합창한다.

…사막은 영원의 길/ 고달픈 나그네길
낙타 등에 꿈을 싣고/ 사막을 걸어가는…

어린 날, 흥이 많은 오빠가 '남쪽나라 십자성'이니 하는 노래와 함께 즐겨 부르던 그 노래를 오랜 세월을 지나 진짜로 사막을 달리며 내가 부르는구나. 아득한 두 시공간 사이의 거리에 마음 고즈넉해졌다.

목적지를 두시간 가량 남겨놓은 지점에서 버스가 서버렸다. 야단났다. 그나마 미루나무가 늘어선 오아시스 지대인 게 다행이라 할지. 운전기사는 엔진을 여기저기 들여다보며 헛되이 진땀을 흘리고, 중국인 가이드는 안절부절못하며 소속 여행사 매니저에게 연신 SOS를 치고 있다. 보아하니 최대한 느긋하게 마음먹고 기다려야 할 모양이다.

인근 마을에서 긴급 차출된 구원 버스가 올 때까지, 일행은 밀밭 사이를 거닐기도 하고 만년설 눈 녹은 물이 푸르스름한 관개수가 되어 콸콸 흐르는 둑에 앉아 얘기를 나누기도 하며 두어 시간을 보냈다. 도로변 땅콩 밭에는 머리에 노란 수건을 둘러쓴 아낙네가 뙤약볕 아래 웅크려 김을 매고 있다. 밀밭 저 너머 미루나무 숲에선 무심한 뻐꾸기가 짱짱한 한낮을 하염없이 울어댄다. 아까부터 홀로 밭둑을 거닐며 시조를 읊던 나이 지긋한 시조 시인이 어디선가 남빛 야생 붓꽃을 한아름 꺾어와 한 송이씩 건네준다. 사십 대에서 칠십 대에 이르는 여인들은 열아홉 소녀들처럼 기뻐하며 탄성을 터뜨렸다.

이러다 밤까지 여기 묶여 있는 게 아닐까 싶어질 즈음 마침내 털털거리는 시골 버스가 왔다. '황혼의 지평선에 석양도 애닯'은 광막한 사막길에 다시 오르자, 버스 앞쪽과 뒤쪽 사이에 맹렬한 노래 시합이 벌어졌다. 그 어떤 아쉬움과 막막함이 우리를 다들 무엇에 들린 사람들처럼 그토록 기를 쓰고 노래를 불러대게 만들었을까.

저녁 늦어 주천의 호텔에 도착하니, 현지 여행사 사장이 기다리고 있다가 현관까지 나와 맞아주었다. 젊은 여사장은 특선 고량주와 포도주로 버스 고장으로 인한 불편을 거듭 사과한다. 불과 몇 년 전 같으면 상상도 못 했을 대 고객 서비스 의식이다. 여기서도 빠른 속도로 자본주의화하는 중국 사회의 일면이 보이는 듯했다.

주천酒泉은 한무제 때 곽거병의 숱한 승전설화를 지닌 한사군의 하나로, 역대의 변방 방위의 요지이며 실크로드의 요충지였던 고장이다.

아침에 일어나 주천공원으로 향했다. 공원은 넓고 아름다웠다. 오아시스마다 열병식하듯 도열해 있던 미루나무 대신 사방에 키 큰 버들이 가지를 휘휘 늘어뜨리고 서 있는 풍광이 퍽 한유로운 느낌을 주었다. '주천'이란 지명의 유래가 되었다는 우물로 향하기 전에, 우리는 버드나무 꽃가루가 난분분 흩날리는 아침 햇살 속에 서서 이태백의 '달빛 아래 홀로 술을 마시며(月下獨酌)'의 몇 구절이 새겨진 시비詩碑를 읽었다.

天若不愛酒 酒星不在天
地若不愛酒 地應無酒泉
하늘이 술을 사랑하지 않았다면 하늘에 어찌 술별酒星이 있으며

땅이 또한 술을 사랑하지 않았다면 땅에 어찌 술샘酒泉이 있으랴

이태백이 남긴 시편들 중 삼분의 일이 술에 대한 시라지만, 그 중에서도 가장 유명한 것이 바로 이 '월하독작'이 아닐까 싶다. 원래는 4연작이나 그 중에서도 두 번째인 이 시가 제일 유명한데, 나머지 연은 다시 이렇게 이어진다.

천지가 모두 술을 사랑하니 내가 술을 사랑하는 것은 허물이 아니로다

옛말에, 청주淸酒는 성인聖人과 같고 탁주濁酒는 현인賢人과 같다고 하였네

성인과 현인을 이미 마시었으니 구태여 신선을 찾을 것 있으랴

석 잔에 대도大道에 통하고 한 말이면 자연과 하나가 되나니

그 취흥은 오직 술꾼만이 알지니 깨어 있는 이들에겐 이르지 마소라

'주성酒星'은 실제로 중국인들이 붙인 별자리 이름으로, 술을 상징하는 별이었다. 시에 나오는 '주천酒泉'이 바로 지금 우리가 찾아가는 그 우물인지는 알 수 없으되, 이 시 한편에서 맛보는 우주적 호방함만으로도 이태백은 과연 주선酒仙답고도 남

음이 있다 하겠다.

당 현종은 양귀비와 술을 마시다 취흥이 오르면 이태백을 궁궐로 불러 들여 시를 짓게 했다. 한번은 그가 몸을 가눌 수도 없을 만큼 취했음을 이유로 들어 입궐을 사양하자, 현종은 그에게 황제 앞에서도 앉아 있을 수 있는 특권을 허용했다. 이렇듯 황제의 총애가 깊어지자 그를 시기하는 무리가 생겼다. 특히 환관 고력사는 이태백이 황제 앞에 방자하다 하여 그를 모함했는데, 월하독작은 바로 이런 사건 이후에 지은 시라 한다.

아이로니컬한 것은 고력사가 태어나서 다스리던 곳의 지명이 주천이었더란 것이다. 일설에 의하면 위나라 때 금주령이 내려지자 사람들이 술을 시킬 때 은어로 '성인과 벗하자'고 하면 청주를 주고 '현인과 벗하자'고 하면 탁주를 주었다고 한다. 따라서 '성인과 현인을 이미 마시었으니 구태여 신선을 찾을 것 있으랴' 라는 구절은 이태백 자신은 이미 청주와 탁주를 마셔 성인과 현인을 두루 모셨으니 어찌 황제를 모반할 필요가 있겠느냐는 반박이라는 해석도 있다. 고력사 당신은 주천에서 태어났지만 술도 못 먹고 정치도 잘못하니, 당신 같은 사람에겐 술 권하기도 아깝다고 비웃으면서 말이다.

수양버들 늘어진 연못가엔 술에 취해 비스듬히 드러누운 이태백의 조각상이 있고, 기단에는 그의 시 세계를 '술을 읊고 샘 소리를 듣는다吟酒聽泉'는 한마디로 새기어 기리고 있다. 아무렴, 역시 천의무봉으로 호쾌한 이태백의 명시를 한낱 고력사

따위를 겨냥한 것으로 축소시켜선 안될 일이다.

이어 발길을 주천공원 깊숙한 안쪽에 자리한 우물 '주천酒泉'으로 옮겼다. 전설에 의하면 한무제 2년(기원 전 121년)에 표기장군 곽거병이 하서에 출정하여 흉노족을 무찌르고 이곳 주천에 주둔하고 있을 때, 황제는 어주 10통을 하사하여 공로를 세운 장병들을 치하했다. 전군이 다 함께 마시기에는 술이 모자라자, 곽거병은 그 술을 이 우물에 풀어 술 향기 홍건한 물로 부하들과 축배를 들었는데 그로부터 '주천'이란 이름이 생겨났다는 이야기다.

공원에 남아 있는 우물은 네모 모양인데, 그다지 깊어 보이지는 않으나 물이랑이 여러 군데에서 퐁퐁 이는 것이 지금도 맑고 깨끗하게 살아 있는 샘이었다. 홀린 듯 우물 속을 들여다보는데, 노란 부리의 뻐꾸기 한 마리가 잡힐 듯 가까이 내 곁을 날아간다. 드넓은 녹색 연못물 위엔 고요히 정자 그림자가 얼비치고, 이 가지 저 가지에서 뻐꾸기가 앞다투어 울음 운다. 투루판에서부터 고창 고성, 교하 고성을 지나 비단길을 거꾸로 가로지르며 내내 듣던 뻐꾸기 울음은 마치 시계소리처럼 기계적으로 뻐꾹, 뻐꾹, 하는 것이었다. 반면 여기 주천공원의 뻐꾸기는 뻐꾹, 뻑뻐꾹, 뻐꾹, 하며 생동감 있게 울어 이 화창한 오월에 살아 있음을 진심으로 기뻐하는 듯하다.

연못을 감돌아 공원을 천천히 한바퀴 거닐어 보았다. 낭창낭창 늘어진 버드나무 가지 밑을 녹수와 공원 저 너머의 흰 눈 덮인 기련산맥을 갈마보며 걷는데, 앞서 가던 시조 시인이 문득 걸음을 멈추더니 옛 시 한 자락을 뽑는다.

> 녹양綠楊이 천만가진들 가는 춘풍 매어주며
> 탐화봉접探花蜂蝶인들 지는 꽃을 어이하리
> 아무리 근원이 중하다 한들 가는 님을 어이하리

왜였을까. 그 순간 내 가슴이 뻐근해져온 것은?

가는 것은 마음 변한 님이 아니다. 시간이다. 자고 나도 그대로 펼쳐진 막막한 사막길을 옛 사람의 발자취를 따라 더듬는다는 것은, 유구한 자연과 시간 속에 자신이 얼마나 하찮고 보잘것없는 존재인가를 다시금 깨닫는 일이다.

비단길 위에 두고 온 줄만 알았던 뻐꾸기 울음을 여행에서 돌아온 첫날, 우리 집 뒷산에 오르면서 다시 들었다. 유정한 그 울음소리에 이상한 안도감과 평안함이 전신을 휩쌌다. 내가 가고 난 오랜 후에도 오월은 뻐꾸기 울음을 데리고 변함없이 돌아오리란 믿음이었다. 사람은 가도 삶은 무한대 시간 속을 그렇게 이어간다는 것. 이번 여행에서 내가 가져온 것은 이 작고 평범한 깨달음이 아니었을까?

## ■ 연보

**• 약력**

| | |
|---|---|
| 1955 | 경남 고성군 거류면에서 최갑출과 허경남의 1남 4녀 중 4녀로 출생. 용꿈 꾸고 잉태한 아기가 또 딸이어서 어머니의 낙담이 자심함. |
| 1961 | 서울 수색국민학교 입학. 3학년 때 처음으로 동시란 것을 씀. |
| 1967 | 숙명여중 입학. |
| 1970 | 숙명여고 입학. 신문반 활동. |
| 1973 | 외대 영어과 입학. 영미문학회 활동. |
| 1977 | 외대 영어과 졸업. 7월에 도미, UCLA 대학원 도서정보학과 입학. 한 학기 수업 후 전공에 대한 회의로 자퇴. |
| 1978 | USC 대학원 도서정보학과 다시 입학. |
| 1979 | 같은 대학 유학생이던 박병원과 만나 결혼. |
| 1980 | USC 대학원 도서정보학과 석사 졸업. |
| 1980~1989 | 로스앤젤레스 시립 도서관 사서로 근무. |
| 1989 | 귀국. |
| 1991 | 〈수필공원〉 (현 에세이문학)에 천료. |
| 1991 | 첫 번역서 ≪아무도 어른이 되지 않는다≫ 출간. 이후 현재까지 번역서 다수 출간. |
| 2001 | 여성동아 장편소설 공모에 ≪불온한 날씨≫ 당선. |
| 2002 | 산문집 ≪딸이 있는 풍경≫ 출간. 한국문예진 |

| | |
|---|---|
| | 흥원 우수도서에 선정. 소설집 ≪피스타치오 나무 아래서 잠들다≫ (공저) 출간. |
| 2002~2007 | 수필문우회 발간 〈계간수필〉 편집간사. |
| 2003 | 문예진흥원의 출판지원금 수혜. 산문집 ≪넓은 잎새길의 집, 그리고 오래된 골목들의 기억≫ 출간. |
| 2005 | 소설집 ≪촛불 밝힌 식탁≫ (공저) 출간. |
| 2006 | 소설집 ≪로맨스 소설 읽는 아내≫ (공저) 출간. |
| 2007 | 소설집 ≪피크닉≫ (공저) 출간. |
| 2010 | 현재 수필문우회 · 국제펜클럽 회원, 에세이문학 이사. |

현대수필가 100인선 · 81
최순희 수필선

그 집은 그곳에 없다

초판인쇄 | 2010년 10월 5일
초판발행 | 2010년 10월 10일

지은이 | 최 순 희
펴낸이 | 서 정 환
펴낸곳 | 좋은수필사

주 소 | 서울시 종로구 익선동 30-6
운현신화타워 빌딩 3층 305호
전 화 | 02)3675-5635, 063)275-4000
등 록 | 1984년 8월 17일 제28호
홈페이지 | http://www.shinapub.com
e-mail | essay321@hanmail.net

값 7,000원

ISBN 978-89-5925-350-0 04810
ISBN 978-89-5925-247-3 (전 100권)